# Contents

**表紙のバス**　上：姿を現した国産電気バス，いすゞエルガEV（プロトタイプ）．中左：2025大阪・関西万博に向けてOsaka Metroグループで数を増やすEVモーターズ・ジャパンF8シリーズ2．中右：電気バスに生まれ変わった1997年式の西工製パジェロミニバス．下：バンホールの最新観光車，新Tシリーズ．**目次上**　2023年2月26日に警視庁府中運転免許試験場で開催された「第3回バスドライバー安全運転コンテスト 東京2023」から

# 10年で壊れる国産バスを作ってください

## 日本のバスをポジティブスパイラルに転換するための暴論（?）

### バスラマインターナショナル編集長　和田由貴夫

　バスラマの創刊から33年，その前に日本輸送技術協会の機関誌モータービークルの編集に携わった9年間，それ以前に外部の執筆者として多く媒体にバスに関する著述をした時期を合わせれば優に半世紀近くバスとかかわってきた筆者にとって，数多くのバス開発技術者やバス事業者など，バスの専門家と知己を得てきたことは貴重な財産である。諸先輩から学び，また与えていただいたヒントの数々が現在に至る筆者の，バスを介した社会観の形成にどれほどの栄養になったことかと感謝している。その一方で現在の日本のバス業界が将来展望を描けない現実には寂寥感さえ抱く。ここに掲げたタイトルを突然の暴論と思われるか，老害と受け止められるのか，共感していただけるのか。いま日本のバス業界が陥っている「負のスパイラル」から抜け出して，より良い方向に転換する契機となることがタイトルに込めた思いである。

## 日本のバスの負のスパイラルとは

　いま社会に知れ渡っているバス業界の課題は全国的なバスドライバー不足だろう。時刻表など見ないでバスが利用できる人もなんとなくバス待ちの時間が長くなったと感じてはいないだろうか。都市間高速路線バスを利用する際に選択肢が減ったという人もいるかもしれない。バスの運行時間帯が総じて短くなり，日曜日にはバスが運休する都市も出てきた。バス事業から撤退する事業者さえ現れた。

　長かったコロナ禍が収束し海外からの旅行者が増加に転じ，国内の旅行需要も旺盛になっている。いよいよバス業界が待望した風が吹いてきたと思いきや，バスドライバー不足の現実では新たな増発や，せっかく受注した貸切の仕事を断らざるを得ないという声が聞こえる。その結果が全国一斉ともいえる運賃値上げで，バス事業者の改訂申請があればすぐに承認されている。利用者は生活に関わる諸物価高騰に困惑しつつも，バスの運賃値上げは許容しているようだ。その背景には賃金を増やして所得が増えれば消費も増えて景気の好循環が生まれるという政府の経済政策の目論見がある。「2024年問題」も労働時間を短縮して人々が豊かさを実感できる世の中にするねらいがある。それでも増えた所得は貯蓄に回すという人々の意識は根強く，バス業界では運賃値上げによる乗客の逸走も懸念されている。

　バス事業の原資は運賃収入にあり，運賃収入が減ると事業展開は厳しくなる。バス事業は労働集約型産業だから雇用条件の差が収益に直結する。運賃収入を増やす工夫がないわけではないが，人口減少はバス業界の創意工夫では対応できない。バス事業は，経営地盤から離れられない「農耕型産業」だからである。過疎化が進み人口が減少する実態は人口が増えている首都圏では実感が伴わないが，実は全国に共通している。日本の人口が減少する中，地方から都会に人々が流入するのは生活基盤の強化や暮らしの利便性向上を期待するからだろう。かつてはそれぞれのエリア内でほぼ完結していた暮らしは今，都会から離れるほど不便になっている。IT社会の到来で，どこに住んでいても仕事には不都合がないと言われるのは，特にこの数年のコロナ禍の在宅勤務で共通の体験となった一部の職種であろう。しかし仕事が動いたとしても生活のすべてがITに依存できるわけではないことも，多くの人が体験したのではなかったか。通勤時間が省略できた人がいても乗客はゼロにはならない。利用者には混雑緩和が快感になっても，交通事業者には減収に直結した。

　顧客単価が高く，時間的な競争力も強い航空業界は，激減した旅客の一方で貨物輸送の需要が伸びて業績を回復したが，顧客単価が低く乗務員あたりの輸送力が小さく，貨物輸送とは無縁のバス業界はやはり運賃収入増がとり得る唯一の方策である。

　全国にマイカーが普及するよりはるかに昔，ローカルエリアのバスは文字どおり人々の生活を支えていた。バスドライバーの社会的な信頼は厚く，地元の結婚式では上座に招かれたというのは当時を知るOBの述懐。その後，バス業界には数十年間，「朝早くて夜遅い，年末年始も関係なく仕事がある，でも給料が高い」という定説があった。制服制帽を身に着けて，狭い道路を巧みなハンドルさばきでバスを操縦するバスドライバーの社会的な評価が高く，子供にもトラックドライバーにも憧れの存在だった。右肩上がりで伸びていた

**Please Make Buses That Last For Only 10 Years**
Outlandish Suggestion To Transform Japanese Buses Into Positive Spiral?
　Shortage of bus drivers can be seen around the world, and the same can be said for Japan. After finally ridding the influence of Covid-19 which lasted for 4 years, right when domestic demand is beginning to be brisk with the increase of inbound tourists, decrease and even suspension of operations of route buses which support our daily lives can be found around the entire nation. Bus operators whose fare revenue decreased because of Covid-19 all raised their fares so as not to induce more driver shortage, and hurry to improve labor conditions of drivers. As one who has watched the Japanese bus industry for 50 years, we would like to make a suggestion to change the "negative spiral" where non increase of fare revenue prevents bus operators from investing leading to negative affect on passengers into "positive spiral". The suggestion is to manufacture domestic buses that last for only 10 years. The average age of route buses is presently 12 years. Vehicles that are being operated for more than 20 years are not few. If this were to be reduced to 10 years, size of the bus market will double and incentive for development should become higher. Maintenance costs will be greatly reduced, operation conditions will improve, and it will be easier to equip them with advanced systems. Most of all, buses will become more pronounced in the scenery of cities. It will become easier for buses to adapt to the changes of the society. Improved performance of buses will not only contribute to lowering TCO, but if people using public transport were to increase due to the more pronounced presence of buses within society, it will lead to decrease of social costs and contribute to decrease of TCS. As long as we don't deviate from the mentality that "as we will be purchasing double the number of buses, lower the price by half", it will be difficult to escape the negative spiral. For the bus industry to cultivate a bright future, it is necessary to implement new ideas. Considering the environment surrounding the bus industry, now is the perfect time for transformation.

1980年代までは地方のバス事業者も新車の購入が一般的だった．高知県交通の桟橋車庫で筆者撮影．1980年代後半になるとマイカー普及でバスは利用者を減らし，採算性が脅かされるようになる（イメージ写真）

1950年代から1960年代のバス需要に陰りが見え始めると，バス業界は車掌乗務を廃したワンマン化で採算性を維持した．それまでのバス車掌は乗客に対する案内と運賃収受に加えて，後退誘導のみならず走行中の安全確認も行いドライバーの補助も担っていたのだが，ワンマン化に際しては放送装置の導入やミラーの大型化による間接視界の拡大など，安全装置の採用が進んだ．運転操作力の軽減や右左折時の安全を見守る先進装置の開発などは本誌でお伝えしているとおりである．

これらの機器の開発と相前後してワンマン化を控える都会の大手事業者は，女性の雇用が前提だった車掌を男性に切り替えて採用しワンマンバスによる輸送力増強に備えた．これも時代の先見性である．20年ほど前，外国人ドライバー雇用の可能性を模索する大手バス事業者の首脳から意見を求められたことがある．その当時は想定さえされていなかった自動運転への期待ともつながるが，これも現在の状況に対する先見性であったのか．バスドライバーがロボット化できれば将来もバス事業者の収益性は維持できるのだろうか．最近のバスは車掌が乗務していた頃の歩行者にはあり得なかったスマホの「ながら歩き」や，都会地の路線バスの平均速度を超えるスピードで音もなく走り回る「電動キックボード」なるものにも安全走行を脅かされている．前提となるはずの輸送環境そのものが大きく変化している現状で，日本のバス業界は自らが明るい将来展望を描けているのだろうか．

昨今のバスドライバー不足には，拘束時間の長さと相対的に見た低賃金などネガティブな側面が目立つ．バスドライバーの年収が全産業労働者の平均賃金を下回ったのは既に20年以上前のこと．この時点でバス業界の危機感と解決策に着手したバス事業者がどれほどあっただろうか．

バスドライバーのみならずエッセンシャルワーカー不足は世界にも共通する難題で，その背景には本誌が繰り返し指摘する「お客様になりたがり症候群」があるのだが，学校教師や消防士など社会に必要不可欠な職種に人手不足が及ばないためには社会が真剣に取り組まなければならない．大切な仕事には数の確保以上にプライドと客観的な評価による質の維持が肝要だ．「なれるものならなってみろ」くらいのアピールがあってこその存在感である．

タクシー業界は運転者の高齢化が進み，地方では台数自体減っているという．数年前，マスコミは盛んにタクシードライバーの厳しい労働環境，売上に対する歩合で決まる賃金とノルマなどを競って報じた．その結果が現在のタクシードライバーの平均年齢に出ている．直近の都会で若手のドライバーが増えている状況には「ライドシェア」の本格上陸に対する業界の危機感もありそうだが，バスドライバー不足がタクシーと同じ轍を踏んではならない．

## 平均車齢12年が意味するもの

近年のバスの平均車齢は12年である．今日新造納車された車両があるとすれば24年間稼働する車両があるということだ．中には30年以上稼働していてバスファンの注目を集める車両もあるが，いずれにしても近年の平均車齢は増加傾向にある．その背景にはバス事業者の採算性悪化を，走行環境の平準化と車両の技術向上による耐久信頼性の向上が支えている構図がある．その結果，特に地方では新車の購入台数より中古車による代替が多いバス事業者が増えている状況は本誌の読者も実感しているだろう．しかし車両の設計者が想定する耐用年数は何年なのか．もし10年程度の性能発揮で十分という条件なら，その倍以上稼働できる車両は過剰品質なのではないだろうか．

日本のバスの歴史を稼働年数の観点で振り返る．1930年代，道路条件は悪く車両の技術も未成熟であった頃，車両は8年程度で代替され，その間，ボデーも載せ替えられて10年経過したら老朽車だった．戦時体制に至り1938年にアメリカ製シャーシーの輸入が途絶えると，それらの車両は補修部品も十分でないまま酷使され，太平洋戦争が終結した1945年まで生き延びた在籍車で可動車両は2割程度だったとも伝えられるが，それでも新造から7年が経過していたに過ぎない．

平和な時代の到来とともに道路の改良は進み，バスは大型化しディーゼルエンジン搭載車が主流となると，バスの輸送人員の増加とともにボデーメーカーも選択の時代を迎えた．ライフの途中でボデーの載せ替えが必要な車は嫌われ，シャーシーとボデーの寿命が一致するようになる．当時はバスの車種も多く，旺盛な需要を背景に市場は活況を呈していたからバスは10年程度で代替されるのが通例になった．

日本の乗合バスの輸送人員は1960年代から1970年代にかけてピークを迎え，都会近郊の鉄道網整備が進みマイカー普及により需要は減少傾向に転じながらも地方のバスの存在感はまだ大きく，新造車両による代替が一般的だった．例えば1979年度の全国の乗合バスの平均車齢は6.4年，国鉄バスは5.5年と若い．これが急速に変化し始めるのが1990年代後半である．排出ガス規制への適合が必須となる都会のバスには初めて車両の代替時期が定められた，その一方で，採算が厳しく旧年式のバスを抱える地方のバス事業者は比較的年式の新しい都会の中古車両を調達する手法が一般化した．環境規制への適合というハードルも2000年前後には目標を達成するが，この規制枠がなくなると自ら使用年数を12年，15年，いいや当社は18年と，競って使用年数の延長を打ち出す事業者が増えた．

しかし同じ機械製品である家電やPC，乗用車と比較してもバス車

5

両の使用環境が非常に厳しいのは明らかだ。市街地用の乗合バスの走行距離は60万kmを超える例も多いし，高速バスに至っては200万km以上稼働する例がある。生産財である以上，新車も老朽車も常に同じ性能が期待される。たとえ引退時期が間近でも必要な部品交換が必要だ。こうした実際は本誌が創刊以来連載を続ける「日本の路線バス超長期実用テストレポート」でもご紹介している。

そんな稼働条件下のバスの開発はどこまで保証すればいいのだろう。もしバスの開発技術者に，10年程度完璧に運行できれば十分だという条件が与えられたら設計目標は明快になるはずだ。これまでは競争上オーバークオリティが必要だったとしても，将来は国産バスメーカーが減る。技術の進化は常に求められるが，無駄な競争の必要はなくなる。

## 国産バスを10年で代替するメリット

### その①

もし現在20年稼働する車両が10年で代替されれば，単純計算で国内のバスの市場規模は2倍になる。これはバスを供給する側にとって朗報だろう。開発コストを倍にしてもいい。国産大型バスを供給するシャーシーメーカーは2024年初において3社にすぎないが，それでも客観的に見てメーカーの中のバス開発の優位性は高いとは言えない。開発の優先順位には販売台数が影響するから，バスは常にトラックの「従」の立場に甘んじている。バスの社会性が正しく評価され，従来の競争概念から解放されれば，より良いバスに向けた開発は今よりストレスフリーになる。

### その②

バスの使用年数が10年になれば，バス事業者の整備コストは大幅に削減できる。このメリットはバス販売会社にも及ぶ。使用年数の

文化財的な保存車両の動態保存は大変な苦労が伴うが，それ自体が観光資源になる（鞆鉄道の例）。通常の車両なら整備コストは少ない方がいい

短縮に伴い補修用部品のストックが減り，旧年式車両の整備作業時間が短縮されて整備士の負担が軽減する。いまバスの現場ではドライバー以上に整備士不足に直面している。その面での改善につながるだろう。車両技術の変化に伴い電子部品のアッセンブリー交換の比重がコストに影響することはありそうだが，そうしたパーツはバス独自のものばかりではない。

### その③

バスドライバーの作業環境が改善する。新車と20年以上の経年車では運転装置の操作性は明らかに異なる。実際にそうした車両を保有する事業者でもドライバーは何の不平も言わずに年式も仕様装備も異なる車両を使い分けている。中には古くても「お気に入り」の車両を愛用する人がいるかもしれないが，多くのバスドライバーにとってはいつも同程度の快適性が得られる車両に接することは，数字に見えにくいが負担軽減という待遇改善になるだろう。

### その④

車両の使用年数を短くするメリットには安全装備の均質化もある。近年は安全運行をサポートする機器が年を追うごとに増えている。それらには後付対応が可能なものも少なくないが，事業者ごとにワンマン機器など様々な既存の機器搭載が求められている中での後付搭載には制約もある。バスの使用年数が短くなれば先進装備への対応も比較的容易になるはずだ。バス事業における最大の関心事である安全面の均質化を推進する。

### その⑤

道路を走るバスが新しくなる。建物の外装が変わり街並みが変わる。走行する自動車のスタイルも変わっている。各地で超低床路面電車も走り出した。そうした中にあってバスだけが旧態依然でいいのだろうか。バス業界が意外と意識していないと思えるファクターだ。サイズが大きなバスは人々の目には本来大きな存在感を与えるはずなのだが，バスの利用者にとっての関心事はバスが表示する行先であり，利用しない人にはその存在自体，意識の範疇外で何も見えていない。バスが事業者の保有物であることは否定しないが，人々の生活空間を占有する点では社会性を備えていなければならない。その意味で保有者には，バスの姿かたちが社会からの共感を得ているかどうか検証する責任がある。

バスは室内容積が必要な六面体という自由度が少ない中でデザイナーの手腕やセンスが求められる難しさがある。その中で人々の生活空間のアイコンとして存在感を発揮するにはどうしたらよいか，バスメーカーのデザイナーにも何度も取材し，彼らがショーモデルに託したアイデアにも接してきたが，バス事業者の保守性には太刀打ちできないようだ。その結果，人々の眼には認識されないバスが走り回る。常に変化を求める必要はないが，バスには道行く人の目を引くコンテンポラリーな存在感を備える必要性がある。その点でバスは事業者の好みよりも都市景観や利用者の立場を踏まえたデザインが望ましい。欧米でも25年間の稼働を求める都市がある。それだけ先進性があるデザインが採用されているからだが，街並みの変化とともにあるスタイルならそれもいいだろう。車両の使用年数が10年程度なら走行環境への対応性でも望ましい。

### その⑥

車両の寿命を短縮することで新技術の盛り込みやすさを記した。普及が予想される無炭素社会への対応も同様である。電気バスの普

バスは生活の道具だからこそ機能性が大切だが，人々の生活空間で稼働する以上，その存在感は利用者が共感を寄せるものであってほしい．韓国ソウル市内のバス専用レーン（イメージ写真）

及の端緒を作った中国製の電気バスは，シティバスの近代化を目指す政策で耐用年数8年が掲げられた．このため国内で電気バスを導入した事業者は車両の寿命に関心を寄せる．多くのバス事業者は車両寿命の途中での電池交換を覚悟し，その際のコスト増に頭を悩ます．車載用電池が10年間性能を維持できるなら車両の寿命と一致し，ライフ途中の電池交換は不要になる．15年使用したディーゼル車を電気バスに改造してさらに10年稼働させたいという西鉄の実践的なチャレンジは注目に値する．しかし電気バスとしての使い勝手は車両の重量に密接に関係する．20年の耐久性を求めて設計した車両は重量面で電気バスの性能をスポイルするだろう．

## 暴論に予想される反論

### その①

20年使えるバスを10年で代替するのはもったいないと言われるだろう．「もったいない」は大切な意識であり文化である．しかしまだ食べられるものを賞味期限だからと廃棄するフードロスとは意味合いが違う．機械ものであるバスは現状でも85％程度の部品がリサイクルできるそうだ．これが100％になれば「もったいない論」はトーンダウンする．現在も10年で引退した車両の運賃収受装置は載せ替えられて活用する例が多い．使えるものの再利用は有効だ．

むしろ10年でリサイクルすることを前提に車両が設計されることで無駄が省ける可能性もある．既に耐用年数が短い設計の鉄道車両が走り回っている．そのノウハウはバスにも共有する価値がある．

### その②

最大のハードルは「車両価格が半額になるならね」というバス事業者の期待だろう．新車で代替するバス事業者でも中古車として販売する価値は無視しない．中古車を購入するバス事業者は，そもそも新車を購入する費用が捻出できないからの策である．バスを販売するメーカーは，たとえ台数が2倍になっても半額にはできないというだろう．車両価格を巡る綱引きの歴史は長い．近年の環境規制や安全装備も車両価格上昇の要因だという．その理由にバスの小さな市場規模は無視できないが，平均車齢が短くなるとエンジン技術の進化に伴い燃費は向上するし，整備内容や時間に加えて旧年式車を整備するための部品確保が不要になる．新しいバスを走らせるドライバーの満足度や街の景観としてバスの存在感の向上は，バス事業者には数値化しにくい要素である．日常はバスに乗らない人々が「あのバスに乗ってみよう」と感じれば運賃収入は増加する．

こうして考えれば寿命が半分のバスの車両価格を半額にする抵抗感があっても，整備コストの削減，利用者が共感できる新しい車両で少し輸送人員が増えるかもしれない運賃収入など価値観を深める

ことで現行よりも説得力のある価格設定ができるだろう．数値化できないバスの現場の人々の満足度は業界の人員不足を改善する契機になるかもしれない．それらを含めて採算性の維持・向上である．

最近よく聞く「TCO（Total Cost of Ownership）」の削減，つまり保有者にとってのトータルコストを評価する考え方である．購入，運行，整備に関する運行3費は，車両の性能向上で削減される．さらに言えばTCOは，バスの保有者だけでなくバスドライバーや乗客の満足度が向上するバスが，道行く姿を見る人の共感を得てバスの存在感がアップして利用者が増え，公共交通の利用者が増えればソーシャルコストが減らせることにも期待する考え方であろう．すなわちTCS（Total Cost of Social）の削減にも寄与できるかもしれない．そうしたメリットを目指せる車両を創り出すことでバスメーカーとバス事業者のベクトルがそろえばバス業界はポジティブサイクルに転換するのだと思う．

### その③

実は最後の点で筆者なりの具体的な解は得ていない．10年程度の寿命を持った車両で，かつリサイクル率100％の車両の構造だ．現在の国産バスの製造ラインを前提にするとハードルは低くない．耐久性や重量面，量産性やリサイクル性，価格とのバランスでも鋼板はポテンシャルが高い．しかし世界で進むバスの軽量化への挑戦は注目に値する．VDLのシティア，バンホールのA12，EBUSCOの3.0，ダンサーバスなど先進例が次々と登場している．軽量化によるランニングコストの削減はすべての駆動系に有利なはずだ．新素材の必要十分の耐久性，リサイクルの容易さ，そして調達しやすいコストが実証されれば，その量産効果に車両寿命短縮化のメリットが生かせるはずだ．

繰り返しになるが，現在の日本のバスは運賃収入が経営の基盤であり，将来的に増収を保証する環境はない．その限られた収入での事業経営には制約しかない．人への投資が減ると人手不足だけでなく資質が低下し利用者の信頼を損ねる事態を招くかもしれない．車両の購入費用をセーブするしわ寄せが現在の平均車齢の延長につながる．既に様々な部分で「制度疲労」が生じている．こうした「負のスパイラル」から抜けだすコンセプトが，ここで展開した車両の早期代替論である．バスの車両供給側，使用者側双方が理解してこれに明確な展望を持つこと，これまでバス業界には大きなファクターとしては意識されてこなかったバスの現場，そして利用者＝社会の立場を考え合わせて，もうしばらく先の日本のバスが明るい展望を描けることに期待する上で，今は間違いなく好機である．バスに明るい展望を開く必要などないというのならそれでも仕方がない．筆者のバスへの情熱が冷めるだけで済む．

# バス架装のご用命は
# ぜひ
# エムビーエムサービスへ。
# 夢を現実に！

■ウォータージェットカッタNC

事業所所在地図

架装部工場
事務所

三菱ふそうバス製造様

mbms本工場

本事務所

■架装部事務所・工場

■本事務所・業務部工場（後方）

# 2023 国内バスハイライト

## The High Light of Domestic Buses 2023

東京都営バスは2024年1月18日，1924年同日の創業から100周年を迎えた。1月20日の記念イベントで，会場の東京タワーを後に100周年の表示を掲げながらシークレットツアーに出発する100周年記念デザインのバス（次ページ以降の写真は2023年撮影）

## 電気バス

2023年，電気バスは2022年度からの国や自治体の補助金政策の拡充もあり，全国で100台ほどが新車登録された．本ページではこれらの主体となった中国BYDの大型10.5m車・K8をいくつかご紹介

←近鉄バスは3月にBYD K8を5台導入，東大阪市・大阪市などの路線で稼働を開始した．同社の電気バスは2022年採用の小型車BYD J6に続くもの．なお大阪府内での電気バスの導入は，2025年大阪・関西万博に向けた電気バス拡大施策の補助金を活用する例が多い

↙沖縄県の離島・西表島の西表島交通が1台を採用したBYD K8．同島の環境保全に寄与している

↓阪神バスは同社初の電気バスとしてBYD K8を2台採用，5月から運行開始した【Md】

↙東京バス・大阪バスグループの北海道バスは，北海道日本ハムファイターズの新球場・エスコンフィールドを擁する北海道ボールパークFビレッジのシャトルバス用に，BYD K8を5台採用した．道内初の大型電気バスである【Nk】

↑茨城県の関東鉄道が6月から2台を運行開始したBYD K8．同社の電気バスは2021年につくばみらい市のコミュニティバス用に1台が採用されたBYD J6に続く導入である

各文末【　】内は写真撮影者で，アルファベットは個人撮影者（氏名は104ページ参照）．それ以外は編集部撮影

←西武バスはBYD K8を2台採用，新座市内，清瀬市内などで運行を開始した．また拠点となる新座営業所の屋根には太陽光パネルを設置し，発電された電力を営業所施設に供給〜自家消費する「オンサイトPPA」を導入，バス運行のトータルな$CO_2$削減を目指している

➡アルファバスECITY L10．2020年にアルファバス
ジャパンから発売された中国製の大型10.5m車で，
発売当初から国内のワンマン機器への対応性の高さ
などをアピールした．写真は伊丹市交通局の採用例
で，２台が大阪国際空港連絡路線などで稼働中．
2023年はこのほか越後交通，しずてつジャストライ
ン，京都バスなどに導入された【Ar】

⬇EVモーターズ・ジャパン（EVM-J）F8シリーズ
２．国内設計を特徴に，2024年に国内組立の開始を
目指すEVM-Jの大型10.5m車．写真の伊予鉄バスは
その市販１号車で，１月に運行開始した【TM】

⬆那覇バスが３月に１台を採用したEVM-J F8シリーズ２．2022年に２台が採用された小型車F8
シリーズ４に続く電気バスである

⬆大新東が横浜市内で運行する大規模マンション群のシャ
トル路線に投入したEVM-J F8シリーズ２
↘Osaka Metroは子会社・大阪シティバスとともにEVM-J
F8シリーズ２の一括導入を進める．貸切籍を得て，2025年
大阪・関西万博の工事関係者送迎バスで稼働するシーン
【Sz】

➡オノエンスターEV 10.5m車．中国ヤーシン製アジアス
ターを日本展開するアジアスタージャパン／オノエンジニ
アリングの大型電気バス．イーグルバスが９月に埼玉県の
城西大学のスクールバスに採用した前扉車の例で，10.5m
車の市販１号車である【イーグルバス】

全長 7 m 級の小型電気バスも各地で採用が進んだ
←長野県木曽町を拠点とするおんたけ交通が 4 月，木曽町からの運行受託路線で使用開始した BYD J6

↙名鉄バスは 3 月，BYD J6 を 1 台採用．各部の確認やイベント出展などを経て，10月から長久手市の「N-バス」で試験的運行を開始した
↓知多乗合は2022年に常滑市「ぐるーん」と一般路線にBYD J6 を 8 台導入し，電気バスの比率を一挙に高めたが，2023年は大府市と東海市のコミュニティバスにも計3 台の同型車を導入した．大府市「ふれあいバス」の車両が大府駅前で急速充電中のシーン【HK】

↓京浜急行バスが横浜市内の狭隘路線に 2 台採用した BYD J6．バスラマ連載「超長期テスト」のモニター車となり，毎月の使用電力量・電費などが報告されている

↑奈良交通が 3 月，2 台を運行開始した BYD J6．観光スポットを巡回する「ぐるっとバス」などで活躍している
↓EVM-J の小型車・F8シリーズ 4 も各地で採用が進んだ．左は同社の拠点である北九州市の公営バス・北九州市交通局が初採用した同型車．右は東京・足立区の「はるかぜ」を運行する新日本観光自動車が 1 台を採用した F8シリーズ 4．なお同型車には 1 枚扉仕様もある

事業者から期待が集まる国産電気バスが10月、ジャパンモビリティショー2023に出品された．いすゞ自動車が開発を進めるエルガEVのプロトタイプ（試作車）で，全長は現行のエルガ長尺車より若干長い11.545m，ホイールベースは同等の5.99mで，定員80人を確保する．駆動系をリヤオーバーハングに集約することでフルフラットフロアを実現，バッテリー容量は220kWhという

↓アルファバスジャパンの新型車・ECITY L6．全長6.09m・全幅2.08mで定員29人．コミュニティバスに最適とされ，12月の第9回バステクin首都圏で初披露された

↑カルサンe-JEST．機械商社のアルテックが輸入するトルコ製の小型電気バスで，12月に右ハンドルの日本仕様が発売された．全長5.9m・全幅2.08m・定員23人で，現在ワンボックス車などを使用するコミュニティ路線の乗降性・居住性改善にも最適とされる．写真はデモ車で市販車はドア仕様などが異なる

↓西日本鉄道のレトロフィット電気バス．国産ディーゼルバスを改造したレトロフィット電気バスは，最近は中国製の台頭もあり数を減らしているが，西鉄では台湾製のコンポーネントを国内で使用過程車に組み込むことで，電気バス拡大への挑戦を進めている．ベース車は2010年式の日産ディーゼルPKG-RA274MAN

↑小型電動モビリティバス試作車「N-mobi」．12月の福岡モビリティショーで西鉄車体技術，九州日野自動車などが出品した小型バスのプロトタイプ．市販の小型電気トラック・日野デュトロZ EVのウォークスルーバンをベースに，室内高約1.8mのバスボディを架装したモデルで，乗客定員は客席8＋立席2．小規模需要路線の電動化に向けた提案である．なお本イベントには，西工が1997年に四輪駆動車・三菱パジェロを前輪駆動化の上，バスボディを架装したパジェロミニバスが，新たに電動化され展示された（表紙）．こちらも改造は西鉄車体技術である

FC（水素燃料電池）バス・トヨタSORAは2020年（当初予定）の東京オリンピック・パラリンピックを機に東京都交通局に一括導入されて以降，水素充填施設の整備が進んだ地域で採用が広がりつつある．2022年12月〜2023年11月の採用台数は27台だが，この期間は送迎用途での採用も目立った．新規導入事業者の一部を紹介しよう

←しずてつジャストラインは11月，トヨタSORAを2台導入した．2月の電気バス導入に続くカーボンニュートラルへの施策で，小鹿営業所に配置されている

↓中日臨海バスは11月，トヨタSORA・1台を京浜支店に配置し，都内の送迎貸切で運行を開始した．外装は同社の標準的なデザインと異なり，ブルーを採り入れている

←昭和自動車ではトヨタSORA・1台を導入し11月から運行を開始した．これは九州電力・九州大学が取り組む「九州における余剰再エネ等ゼロエミを用いた水素社会地域モデルの構築」に協力し，九大伊都キャンパスの水素ステーションでゼロエミッション電源により製造された水素を利用するもの．平日は同キャンパス—九大学研都市駅間を運行している．外装デザインは黒を基調に繊細なラインが広がり，メーカー標準とは印象がかなり異なる

←名古屋市交通局が4月に基幹バス（1号系統）で運行開始したトヨタSORA．2022年に導入された大阪シティバス，南海バス，東京都交通局の各1台と同様，三菱UFGフィナンシャル・グループが水素社会構築に向けて導入を支援している【Ya】

↓送迎を主たる業務にする大新東は，3月にトヨタSORAを5台採用した．2020年に東京・有明地区の企業送迎に採用した1台に続く増備で，今回の5台中3台（写真）は1台目と同じ契約先で，2台は八王子市内に配置されてスクールバスで稼働する．スクールバスでのSORAの稼働例は初という

2023年の連節バスは採用例が限られるとともに，国産車のみが登録された

⬆東急バスでは横浜市青葉区内の幹線の輸送力増強と一部路線のフィーダー化をねらい，2024年4月に連節バスの運行開始を予定しており，2023年中に3台が登録されて習熟運転を進めている．車種は日野ブルーリボンハイブリッド連節バスで，外装は東急線2020系電車をモチーフにしており，従来の東急バスとは印象が異なる．最終的に6台が導入される予定

➡川崎鶴見臨港バスは3月から，川崎駅—水江町間の通勤路線に日野ブルーリボンハイブリッド連節バスを6台投入した．「KAWASAKI BRT」として川崎市とともに進めてきた施策で，朝は水江町方向，夕方は川崎駅方向を主体に特快・快速運転を行う．朝夕とも12分間隔で運行され，速達性の向上のほか，乗り場の混雑緩和やドライバー不足対策にも貢献している．朝，通勤客を満載して水江町に向かう

BRT

九州旅客鉄道は2017年の九州北部豪雨で被災した日田彦山線のうち，復旧が見込めない添田—夜明間を代行する「BRTひこぼしライン」を8月28日に運行開始した．線路跡を道路に改修した専用走行区間（彦山—宝珠山間）と一般道を併用，車両は中型バス2台と小型電気バス（BYD J6）4台が採用され，JR九州バスと日田バスが運行を担当する．右はBRT彦山駅から専用走行区間に入る小型電気バス，上は現在「BRTひこぼしライン」で実証実験運行を行っている水素燃料電池バスのトヨタコースターFC．同型車が営業路線に使用されるのは初めてである

オンラインや電話による利用者の乗車予約に対し，AIがルート・ダイヤを構築するAIオンデマンドシステムが小規模需要のバスで全国的に広がりつつある．↑東急バスは2023年，4地域でAIオンデマンドバスを運行したが，その中の世田谷区宇奈根・喜多見地区は，一般路線の昼間帯をAIオンデマンドバスに切り換えたもの．トヨタハイエースコミューターをベースに，ハイルーフ化により移動性を高めた専用車が用意された【東急バス】．↓宮城県名取市は10月，コミュニティバス「なとりん号」をリニューアル，一部ルートはAIオンデマンド化した「なとりんくる」に刷新した．「なとりんくる」の車両は乗客定員6人のワゴン車・トヨタヴォクシーで，ダウンサイジングと効率化を図った．運行は大新東

**小規模需要**

↑AIオンデマンドバス以外にも，ワンボックスタイプの小型バスやワゴン車により新規路線が開設されるケースは少なくない．1月に実証実験として運行開始した横浜市交通局の仲町台駅循環．日産キャラバンを使用，一部にフリー乗降区間を設ける

バスドライバー不足の深刻化は社会的な関心を呼んだが，9月11日に金剛自動車が発表した，ドライバー不足などを理由とする事業の廃止は地域や利用者に大きな危機感を与えた．大阪府富田林市を拠点とする同社は1925年に乗合事業を開始した老舗で，コロナ禍による大幅な減収もドライバー不足と並び廃業に至った大きな要因とされる．運行最終日は12月20日で，自治体や周辺事業者などで路線継続への協議が重ねられ，21日から近鉄バス・南海バスなどの参画によるコミュニティバス方式での運行や，自家用の有償運行などに移行した．写真は11月，河南町寺田地区を行く，金剛自動車唯一のノンステップバス，2008年式三菱ふそうPKG-AA274KAN【Sz】

自動運転の実証実験運行は各地で活発に行われ，将来的に完全無人走行のレベル4を目指すケースも多い．本格運行もわずかながら増えている

↑岐阜市ではドライバー不足で廃止された中心部ループ線を引き継ぐ形で，11月25日からレベル2の自動運転バスの定時運行を，5年間の予定で開始した．使用車両は水戸岡鋭治氏がデザインしたナヴィヤ・アルマである【Ya】

←9月，奥日光のシャトルバス路線（赤沼車庫─千手ケ浜間）で行われた栃木県の自動運転バス有償運行．先進モビリティ所有のBYD J6が使用された【Md】

↙1月に新宿駅西口─都庁循環のルートで行われた京王バスほかによる自動運転の実証運行．同区間では2回目の実験で，誘導ラインのターゲットラインペイントなどを使用した．また10月にはシステムを変えて3回目が行われた

↓愛知県日進市が1月，名鉄バス，名城大学などと連携して行った自動運転レベル2の公道走行実験．ナヴィヤ・アルマとBOLDLYなどのシステムを使用

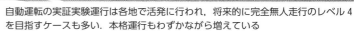

→西日本旅客鉄道（JR西日本）が専用コースを使用して，ソフトバンクなどと共同で進めていた「自動運転・隊列走行BRT」開発プロジェクトが，11月から公道での実証実験に移行した．将来的な乗務員不足や，鉄道・バスを問わない柔軟な交通網実現などをねらったもので，最終的には自動運転レベル4が目標．車車間通信など隊列走行の技術も導入され，実験では連節バス，大型バス，小型バスの3台が使用されている．公道実験は東広島市の西条駅─広島大学東広島キャンパス内で，2024年2月まで行われている【JR西日本】

# ボンネットバス

昭和レトロを感じさせるボンネットバスは依然として人気が高いが，生産中止から50年以上が経過し，バス事業者が維持するには苦労も多いようだ
↑10月，天橋立付近を行く丹後海陸交通の1970年式いすゞBXD30／北村．自家用～愛好家所蔵を経て営業車となった1台で，この日はバスファン向けツアーの一部を受け持った．後ろに続くバスはこの日の主役である西日本JRバスの訓練車・1999年式三菱ふそうKC-MP717M前後扉車【AN】
←四国交通のボンネットバス，1966年式いすゞBXD30／富士重工．2020年まで定期運行され，以降は貸切となったが，このたびクラウドファンディングで再生工事を受け，外装は旧塗装に一新，フェンダーなども交換された
↓岡崎市の貸切事業者・オーワはボンネットバスを3台保有し，営業車として稼働させている．奥から，1967年式いすゞBXD50／北村，1966年式いすゞBXD30／富士重工，2020年に導入された1963年式いすゞBXD30／川崎．5月，ALL JAPAN ISUZU FESTIVAL 2023で【Ya】

↓日本唯一のトレーラーバスが3月をもって営業線から姿を消した．トレーラーバスといえば終戦直後の一時期，大量輸送に貢献したことが伝えられるが，このバスは2007年に登録された観光路線用で，東京都日の出町が保有し，西東京バスにより武蔵五日市駅と町営の温泉施設を結んでいたもの．愛称は「青春号」で，1996年式の初代に続く2代目にあたる．SL列車を模した外観もユニークで，トラクターは日野レンジャーのダンプシャーシ，乗客定員40人のトレーラーは日本フルハーフ製，改造は東京特殊車体であった

2023年の貸切バス業界は新型コロナウイルス感染症の「5類移行」で行動制限がなくなったこともあり，稼働率は回復傾向を見せたものの，一方でドライバー不足により需要に対応できない事業者も少なくなかった．車両面での話題は比較的限られたが，ここでは2例をご紹介
➡山梨交通が3月に導入した特殊ラッピング施工車．見る角度や光線状態で色味が変化するもので，これまで塗装車の例は見られたが，ラッピングは珍しく，利用者からも高評価という．フィルムは3M製，ベース車は山梨交通のフラッグシップ貸切車である2019年式いすゞガーラSHDである
⬋西日本鉄道の"CYCLE CARGO"．近年のサイクリング需要の高まりで，一般路線でも自転車ラックを装備する例が増えつつあるが，このバスはサイクリングイベントでの活用に向けた貸切車で，車内前方に自転車18台分の積載スペース，後方に客席21（うち補助席2）を配置する．ベース車は2017年式いすゞガーラHDである【外観：TM，車内：西日本鉄道】

超豪華な自家用バスも登場した．埼玉県の医療法人富家（ふけ）会富家病院がエレベーター付の三菱ふそうエアロエースをベースに，重度慢性期患者を含む入院患者の小旅行のために製作したもの．デザインは水戸岡鋭治氏で，贅を尽くした内装が魅力的．酸素吸入や点滴の設備も備え，介護士の同乗により安心して旅が楽しめる．愛称「NARRATIVE（ナラティブ）8811」

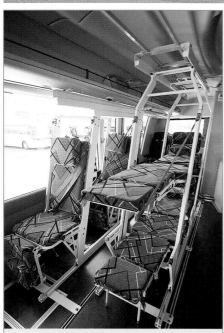

夜行高速バスのシートに対する全く新しい提案が，運行事業者である高知駅前観光からなされた．「上下移動式リクライニングシート"ソメイユプロフォン"」で，昼間は通常の座席状態（画面左手），夜間は上下2段式のフルフラット状態（同右手）に転換できる仕組み．フルフラット状態で就寝できるため，夜間の快適性は大きく向上する．1台当たりの搭載数は12ユニット（乗客定員24人）である．現在は近い将来の実運行に向けて検討中というが，搭載車が展示された12月のバステクin首都圏では来場者から大きな反響を得た

収容力の高さを特徴とする2階建て高速バスは，輸入車のスカニア／バンホールアストロメガの導入が進み，経年の国産車・三菱ふそうエアロキングは終焉を迎えつつある．西日本ジェイアールバスは4月，阿波エクスプレス大阪号・神戸号の開業25周年を記念し，開業当時の「ブルーネットワーク」のロゴを張り付けたエアロキング3台を運行した．大鳴門橋を行く2008年式エアロキング【AN】

small-size electric buses, small-size FC bus manufactured by Toyota is also being operated experimentally.

P16: Above  Wagon type route buses are on the increase depending on demands and route environment. Cases of realizing more convenience and efficiency through the use of AI on-demand system is increasing. Below Kongo Bus, medium-sized operator of Osaka, announced that they will discontinue operations due to driver shortage and decreased revenue because of Covid. Media handled the topic as an example of the worsening environment surrounding buses.

P9: Bureau of Transportation, Tokyo Metropolitan Government celebrated 100 years of bus operations. (January of 2024)

P10～P12: Due to expansion of EV subsidies provided by national and local governments in 2023, approximately 100 units of electric buses, mainly manufactured in China, were newly obtained. With the goal of operating electric buses at 2025 Osaka Kansai Expo, those obtaining electric buses in Osaka are becoming prevalent.

P13: Isuzu introduced the prototype electric bus Erga EV at the Tokyo Mobility Show. Various imported small-size electric buses were introduced to the Japanese market. Turkish manufactured Karsan is the first European electric bus offered on the domestic market. Nishi Nippon Railroad is attempting to increase electric buses by converting old diesel vehicles into electric buses.

P14: Some of Toyota Sora FC buses. 27 units including those for private use were newly registered during the year.

P15: Batch of articulated buses were obtained to serve commuter routes to the industrial area. Local railroad route of JR which received damage from torrential rain has been replaced by BRT. Along with 6 units of buses including 4 units of

P17: Experimental and scheduled operations of autonomous driving is increasing. Most are level 2. JR West is experimenting with autonomous platoon operations including articulated buses.

P18: Conventional buses are still popular as a source of sightseeing. The last trailer bus of Japan has been retired.

P19: The new undertakings of sightseeing and highway buses. The luxurious interior is that of the large-size sightseeing bus which has been obtained by a hospital in Saitama Prefecture so that hospitalized patients can take small journeys.

P20: The last of the domestic double decker buses. Open top double decker sightseeing buses from around the nation.

P21: Busrama Award has been awarded to Nishi Nippon Railroad which is undertaking various initiatives in regards to the next generation such as converted electric buses, sustainable fuel, and autonomous driving of large-size buses.

三菱ふそうエアロキングの改造車を含め，2階建てオープントップバスは2023年も各地で運行された
左上：2～3月に水戸市が運行した「観光漫遊バス」．ジェイアールバス関東のエアロキングが使用された【AN】
右上：7～9月にニセコ町内で運行された「ニセコスカイバス」．ニセコバスと道南バスが運行したが，写真は前者が担当したUNVI【Nk】
左下：3月に東急トランセが渋谷周辺で定期運行を開始した「SHIBUYA STREET RIDE」のエアロキング【HA】
右下：8月に静岡市で運行されたツアー「SKYBUSで行く！どうする家康　静岡大河ドラマ館」のネオプラン．運行担当は静鉄ジョイステップバス【HK】

# 第27回バスラマ賞は西日本鉄道の「脱炭素社会に向けたバスの挑戦」

西鉄バスは，脱炭素社会の到来に向けてバス事業者が果たすべき社会的責任として数々の車両の技術課題に挑戦している。1つは経年ディーゼル車に新たな電池とモーターを搭載して国内で完成したレトロフィット電気バス，2つめは純度100％の再生可能資源由来の代替燃料＝リニューアブルディーゼル（RD）を使用した高速バスの運行，さらに運転士の負担軽減にも期待が寄せられる自動運転バスの実証運行も。レトロフィット電気バス導入の取り組みは本誌でもいち早くご紹介しているが，一つのバス事業者による多角的なチャレンジは類例がなく，全国のバス事業者の注目を集めている。バスラマは編集部が知り得た車両や運行に関わる最新技術や研究論文の中から顕彰するバスラマ賞を設けているが，2023年は同社の一連の技術挑戦を選定，贈呈することにした。（写真：西日本鉄道）

# 国内バスカタログ

## 2023 ➡ 2024

Domestic Bus Catalog 2023→2024

本項では2024年1月10日現在，日本国内で販売中のバスについて，外観，図面，諸元，さらにセグメントごとの位置づけや特徴などを紹介する。これらはいずれも，メーカーが販売する標準的な仕様である。今回掲載するバスは国産車5車種（15シリーズ），輸入車8車種である。

### ●2023年の国産バス市場動向

2023年の国内のバスは，5月の新型コロナウイルス感染症の「5類感染症」移行による社会活動の本格的な復活により，輸送人員の回復が前年以上に進んだ。新車販売台数は過去最低となった2022年の約5,500台から約8,400台へと回復傾向を見せ始めた。

国内メーカーのうち，日野自動車といすゞ自動車は3月，2022年3月に公表された日野のエンジン認証不正問題に伴い販売を休止していた日野セレガ／いすゞガーラ（各12m車）のうち，ハイデッカ

ー・A09C（9ℓ）エンジン車の受注・販売を再開した。一度取り消された型式指定を再取得したもので，環境性能を従来の「重量車燃費基準＋15％」（排出ガス記号2TG-）から「同＋5％」（同2PG-）に改めたが，この変更は既に販売された車両についても車検の際に行われる。なおE13C（13ℓ）エンジンを搭載するスーパーハイデッカーと高出力ハイデッカーは，型式指定の再取得・再販売の目途が立っていない。また9m車はこの問題に抵触せず販売を継続している。

トヨタ自動車も同じく3月，日野のエンジン認証不正問題により販売を休止していたコースターを再発売した。これまで搭載していた日野製N04Cエンジンの排出ガス規制適合が不可能であることから，ハイエースなどに搭載する自社製1GDエンジンを採用したもの。併せてEDSS装着など安全装備も拡充したが，小排気量化に伴う出力の低下により最大定員が29人から27人に減少したほか，上位2グ

### 現行市販バス（ディーゼル車，ガソリン車）の排出ガス規制の識別記号

| 区分 | 名称 | 1桁目 | | 燃料 | ハイブリッドの有無（重量車燃費基準達成または適用状況） | 識別記号 | 用途 | 重量条件等 | 識別記号 |
|---|---|---|---|---|---|---|---|---|---|
| | | 低排出ガス認定 | 識別記号 | | | | | | |
| 平成28年規制 | | 無 | 2 | ガソリン・LPG | 有 | A | 乗合，貨物 | 軽自動車 | D |
| 平成30年規制 | | 無 | 3 | | 無 | B | | GVW1.7トン以下 | E |
| | | | | 軽油 | 有 | C | | GVW1.7トン超，3.5トン以下 | F |
| | | | | | 無 | D | | GVW3.5トン超 | G |
| | | | | | 有（達成・重量車） | J | | | |
| | | | | | 無（達成・重量車） | K | | | |
| | | | | | 有（5％達成・重量車） | N | | | |
| | | | | | 無（5％達成・重量車） | P | | | |
| | | | | | 有（10％達成・重量車） | Q | | | |
| | | | | | 無（10％達成・重量車） | R | | | |
| | | | | | 有（15％達成・重量車） | S | | | |
| | | | | | 無（15％達成・重量車） | T | | | |
| | | | | CNG | 有 | E | | | |
| | | | | | 無 | F | | | |
| | | | | メタノール | 有 | G | | | |
| | | | | | 無 | H | | | |
| | | | | ガソリン・電気／LPG・電気 | 有 | L | | | |
| | | | | 軽油・電気 | 有 | M | | | |
| | | | | その他 | 有 | Y | | | |
| | | | | | 無 | Z | | | |

排出ガス規制識別記号が「2TG-」の場合，平成28年排出ガス規制適合で，かつ平成27年度重量車燃費基準＋15％を達成した，GVW3.5トン超のディーゼル車（ハイブリッドなし）を示す

From pages 22 to 24, we introduce you the trends of domestic buses and various regulations such as emission regulations. From pages 25 to 58, we introduce to you buses that are presently being offered on the domestic market. Being introduced are 5 domestic models consisting of 15 series and 8 imported models. With Covid-19 settling down in 2023 and social restrictions being lifted, number of bus passengers have recovered. Sales of new buses which had reached its minimum in 2022 with 5,500 units is also on recovery, with 8,400 units being sold in 2023. Subsidies for electric buses by national and local governments has been increased, with approximately 100 new units being registered based on our research.

Taking a look at domestic buses, illegal activities of Hino Motors concerning engine performance (emission and fuel consumption) became clear in February of 2022. Large-size sightseeing buses of

Hino Motors, sales of which had been suspended for approximately a year, received recertification and was reintroduced to the market in March, although some of the models are still not being offered. Sales of Toyota Coaster which had received engines from Hino had also been suspended for similar reasons, but was reintroduced to the market in March by changing over to their own engines.

| 規制物質 | 平成28（2016）年規制 | | |
|---|---|---|---|
| | 試験モード | 規制値（g/kWh） | |
| 一酸化炭素（CO） | WHDC | 2.22〈2.95〉 | |
| 非メタン炭化水素（NMHC） | | 0.17〈0.23〉 | |
| 窒素酸化物（NOx） | | 0.4〈0.7〉 | |
| 粒子状物質（PM） | | 0.010〈0.013〉 | |

●規制値欄のカッコ外は平均値，カッコ内は上限値

排出ガス規制の適用を受けない大型車の識別記号

| 1桁目 | 2桁目 | | 3桁目 | |
|---|---|---|---|---|
| 識別記号 | 種別 | 識別記号 | 用途 | 識別記号 |
| Z | 電気 | A | 貨物 | B |
| | 燃料電池（圧縮水素） | B | 乗合 | C |

レードを中止，また排気ブレーキも省略された。OEM車の日野リエッセⅡも同様の内容で再発売された。

これら以外では，日野ブルーリボンハイブリッド／いすゞエルガハイブリッドが，ディーゼル車に準じた安全性・快適性などの装備拡充を行い9月に発売された。またエンジン認証不正問題に伴い販売を一時中断していた日野ポンチョは，エンジン改良と安全装備の拡充を図り2月に販売を再開した。

●2023年の輸入バス動向

2023年末時点での輸入バスのメーカーは，観光系2社，連節バス1社（以上ディーゼル），電気バス5社である。

電気バスのうち4社は中国製で，国の2022年度「環境配慮型先進トラック・バス導入加速事業」，自治体の補助政策，大阪府の「万博を契機としたバス事業者の脱炭素促進事業」などにより，登録台数が一挙に増加した。本誌調べでは，2023年の営業用の輸入電気バスの新車台数は100台を超えた（97ページ一覧表参照）。メーカー別に概観すると，新車の主体であるBYDは全長10.5m車と7m車が新規登録されたが，これらは2023年末納車分からモデルチェンジするとともに，10.5m車はフルフラットノンステップに移行した。また11月には中型車の2024年発売も予告された。国内設計を特徴とするEVモーターズ・ジャパンは10.5m車が1月に初めて営業運行を開始するとともに，7m車も台数を増やした。同社は北九州市内にテストコースを併設するEV組立工場を5月に起工しており，完成の際には国内組立が実現する。アルファバスは10.5m車の登録台数を増やす一方，12月には6mクラスの小型車を発表，2024年発売を予定する。アジアスター（国内名：オノエンスターEV）は送迎用などに10.5m車・7m車を販売したほか，12月には2024年に発売する航続距離延長型の9m車を公開した。

新たに加わった電気バスメーカーはトルコのカルサンで，機械商社のアルテックにより全長5.9mのカルサンe-JEST（日本仕様）が12月20日に発売された。

●電気バスを巡るそのほかの話題

日野自動車ではEVラインアップの一環として，BYDの7m車・J6をベースに独自のスタイルや仕様を盛り込んだOEM車・ポンチョZEVの2023年発売を予告していたが，2月16日に発売凍結を発表した。この具体的な理由は公表されていないが，業界紙の報道では部

JH25によるGVW3.5トン超のバスの新たな燃費基準（t＝トン）

| 用途 | 路線バス | | 一般バス★ | |
|---|---|---|---|---|
| 区分 | GVW範囲 | 目標燃費値（km/ℓ） | GVW範囲 | 目標燃費値（km/ℓ） |
| 1 | 3.5t超～8t以下 | 7.15 | 3.5t超～6t以下 | 9.54 |
| 2 | 8t超～10t以下 | 6.30 | 6t超～8t以下 | 7.73 |
| 3 | 10t超～12t以下 | 5.80 | 8t超～10t以下 | 6.37 |
| 4 | 12t超～14t以下 | 5.27 | 10t超～12t以下 | 6.06 |
| 5 | 14t超～ | 4.52 | 12t超～14t以下 | 5.29 |
| 6 | | | 14t超～16t以下 | 5.28 |
| 7 | | | 16t超～ | 5.14 |

★一般バスとは客席シートベルトを備えるバス

品類に「六価クロム」が使用されていたためとされる。六価クロムは2000年代までクロムメッキの表面処理に広く採用された化合物だが，毒性があり健康被害や環境汚染につながることから，現在は「三価クロム」に代替されている。日本自動車工業会では自主規制により2008年以降，新型車への使用を禁止しており，継続生産車でも順次使用が中止された。ちなみにEUの場合，小型車では使用禁止，大型車では1台あたり2gまで使用が認められている。

この報道を受け，バス業界ではBYDをはじめとする中国製電気バスへの六価クロム使用の懸念が高まるとともに，BYDとアルファバスが使用を確認したことで，新規導入事業者・使用中の事業者の双方で運行を延期・中止するケースが相次いだ。これらの使用部分はボルト・ナットなどで，メーカーが乗客・乗員がふれる可能性のある部分を主体に交換する対策を行ったことで，運行延期・中止した事業者でも4月中旬までに順次運行を開始した。なおBYDは2023年末納車予定の次期モデルから六価クロムを使用しないことを2月23日に発表，またアルファバスは六価クロムの使用部品は1台あたり50数個で，納入全車に対し全数交換済と3月13日に発表した。

国内メーカーではいすゞ自動車が10月のジャパンモビリティショーでエルガEVのプロトタイプを参考出品した。全長約11.5mのフルフラットノンステップバスで，2024年度内の発売が予告される。このほか12月の福岡モビリティショーでは前輪駆動の小型電気トラック・日野デュトロZ EVをベースに，バスボデーを架装したプロトタイプが西鉄車体技術から参考出品された。

●バスに関する規制・基準など

1）平成28年排出ガス規制

GVW（車両総重量）3.5トン超のディーゼルバスが規制対応済みである。

2）平成30年排出ガス規制

GVW1.7トン超・3.5トン以下のバスが規制対応済みである。なお同規制はディーゼルとガソリンの双方に適用されるが，規制値は各々異なる。

3）排出ガス規制の適用を受けないバス

電気バスや燃料電池バスなど排出ガス規制の適用を受けないバスに関する排出ガス識別記号が設定されている。（別表）

4）輸入車への排出ガス規制の適用

バスの輸入車は国産車に準じた排出ガス規制が適用されている。

Turning to electric buses, new buses are all manufactured in China. 4 companies, BYD, Alfabus, Asiastar (Japanese name Onoen Star), and EV Motors Japan which is domestically designed with planned domestic manufacturing beginning in 2024, introduced a total of 7 models. BYD introduced Japanese variants of models with the overall lengths of 10.5m and 7m in 2023, but these models are scheduled to become new models in 2024 equipped with blade batteries. In December, Turkish manufactured Karsan e-JEST was introduced in December by the trading company Altech.Concerning electric buses, Hino Motors had been planning on introducing the 7m model of BYD as OEM Poncho Z EV, but it was announced in February that sales had been put on hold. The reason given was the use of hexavalent chromium on some components, and it was confirmed that it was also used on models being offered by BYD as well as Alfabus, leading to numerous operators postponing or cancelling operations. Components were later replaced by the manufacturers, with BYD announcing that hexavalent chromium will not be used at all on their next models. The prototype large-size electric bus unveiled by Isuzu Motors at the Tokyo Mobility Show attracted attention.

この基準では型式認定を受けた車型，公的機関の排出ガス試験で規制値をクリアした車両のほか，国内の基準値に準じた環境性能を備えると認められた車両ならば販売・運行できる。現在，輸入バスで型式認定を受けているのは現代ユニバース1車種。これ以外の連節バス，2階建てバスは現行のユーロⅥ規制に適合しており，平成28年排出ガス規制値と同等の環境性能を備えると見なされている。

### 5）重量車の2025年度燃費基準

国土交通省と経済産業省はCO₂の排出削減・省エネルギーを目的に，GVW3.5トン超のディーゼルバス・トラックを対象に「重量車燃費基準」を策定しており，平成28年排出ガス規制に適合した現行車の多くは平成27（2015）年度重量車燃費基準を達成している。バスの場合，GVW14トン超の路線車の目標値は4.23km/ℓ，同16トン超の観光車・高速車の目標値は3.57km/ℓである。

これに対してさらなるCO₂削減・省エネ化を進めるため，2019年に新たな重量車燃費基準が2025年度を目標年度に施行された。これにより燃費値の表示が新試験法による「JH25モード」に移行するとともに，従来の燃費表示はこれまでの「重量車モード燃費」から「JH15モード」に変更されつつある。JH25モードでは車両の空気抵抗やタイヤの転がり抵抗について従来の固定値から実測値に変更されるとともに，都市内走行と都市間走行の走行比率が走行実態の調査結果を反映した比率となる。バスの用途・GVW別の目標値は別表のとおりである。なお2022年以降に改良されたバスは既にJH25モードで燃費表示されるが，従来の燃費値（JH15モード）に対して減少あるいは増加が見られる車種がある。本項の諸元表では改良車

型はJH25モード，従来車型は重量車燃費モードで表記する。

### 6）オートライトの義務化

薄暮時に自動点灯することでつけ忘れを防ぎ，事故防止につなげるオートライトは，バスおよびGVW3.5トン超のトラックでは2023年10月から全車に義務化された。

### 7）衝突被害軽減ブレーキの性能強化

バスおよびGVW3.5トン超のトラックにおける衝突被害軽減ブレーキの性能強化が2023年1月に施行された。作動範囲を10km/h〜最高設計速度（対歩行者の場合は20〜60km/h）の範囲とするなどの内容で，新型車は2025年9月1日，継続生産車は2028年9月1日から適用される。

## ●販売車型の動向

今回掲載したバスは前年版に対して次のような動向が見られた。

〔新型車〕
○アルファバスECITY L6
○カルサンe-JEST
○BYD　K8 2.0，J6 2.0

〔改良〕
○トヨタハイエースコミューター
○日野ブルーリボンハイブリッド／いすゞエルガハイブリッド

〔再発売〕
○トヨタコースター／日野リエッセⅡ（改良を含む）
○日野ポンチョ（改良を含む）
○日野セレガ／いすゞガーラ（12mハイデッカー・9ℓエンジン車）

### Specification（Example）諸元表の例

| Model | 車　　名 | | いすゞエルガミオ（LR） |
|---|---|---|---|
| Type | 型　　式 | | 2KG-LR290J5 |
| Grade or Body type | 床形状 | | ノンステップ　都市型 |
| Door arrangement | 扉位置 | | 前中扉 |
| Capacity | 乗車定員 | （人） | 61 |
| Overall length （mm） | 全　　長 | （mm） | 8,990 |
| Overall width （mm） | 全　　幅 | （mm） | 2,300 |
| Overall height （mm） | 全　　高 | （mm） | 3,045 |
| Wheelbase （mm） | ホイールベース | （mm） | 4,400 |
| Track width : front/rear （mm） | トレッド（前／後） | （mm） | 1,945/1,695 |
| Ground clearance （mm） | 最低地上高 | （mm） | 125 |
| Interior length （mm） | 室内寸法（長） | （mm） | 8,070 |
| Interior width （mm） | 〃　　（幅） | （mm） | 2,135 |
| Interior height （mm） | 〃　　（高） | （mm） | 2,405 |
| Vehicle weight （kg） | 車両重量 | （kg） | 8,020 |
| GVW （kg） | 車両総重量 | （kg） | 11,375 |
| Min.turnning radius （m） | 最小回転半径 | （m） | 7.6 |
| Engine type | エンジン仕様 | | 直4・TI付 |
| Engine model | エンジン型式 | | 4HK1-TCS |
| Displacement （cc） | 総排気量 | （cc） | 5,193 |
| Max.output in kW/rpm | 最高出力 | （kW/rpm） | 154（210PS）/2,400 |
| Max.torque in N·m/rpm | 最大トルク | （N·m/rpm） | 706（72kgf·m）/1,400-1,600 |
| Transmission | 変速機 | | 6速AT |
| Gear ratio ①/② | 変速比 | ①/② | 3.486/1.864 |
| ③/④ | | ③/④ | 1.409/1.000 |
| ⑤/⑥ | | ⑤/⑥ | 0.749/0.652 |
| Final gear ratio | 終減速比 | | 5.857 |
| Fuel consumption （km/ℓ） | JH25モード燃費 | （km/ℓ） | 5.61 |
| Steering type | ステアリング型式 | | インテグラル式パワーステアリング付 |
| Suspension/front | サスペンション型式（前） | | 車軸式空気ばね |
| Suspension/rear | 〃　　　　　（後） | | 車軸式空気ばね |
| Service brake | 主ブレーキ | | 空気式 |
| Auxiliary brake | 補助ブレーキ | | 排気ブレーキ |
| Tire size | タイヤサイズ | | 245/70R19.5 136/134J |
| Fuel tank capacity | 燃料タンク容量 | （ℓ） | 130 |

### 国内バスカタログの読み方

○本項は2024年1月10日現在，日本で販売されているバスについて，小型車，中型車，大型車（路線バス，観光バス，自家用バス）の順に掲載した。ただし電気バスはサイズを問わずメーカーごとに掲載し，また2024年発売予定のモデルも紹介した。
○OEM供給車はベース車型に包括し，統合モデルも1項目にまとめた。
○型式が多岐にわたるものや複雑なものは，型式一覧表を併載した。
○車種・車型によっては，仕様等を分類するための識別記号が型式に付されている場合があるが，本項では識別記号は省略した。
○エンジン出力・トルクはネット（車載状態）での測定値。またエンジンは特記以外ディーゼルである。
○本文の表記と諸元表における表記は一部異なる場合がある（例：エアサス→空気ばね）。
○AT：オートマチックトランスミッション，AMT：オートメーテッドマニュアルトランスミッション，MT：マニュアルトランスミッション，TI：ターボインタークーラー，EDSS：ドライバー異常時対応システム，OP：オプションの略。
○国産バスのボデー製造事業者は次のとおり（OEM車型を除く）
日野自動車・いすゞ自動車：ジェイ・バス
三菱ふそう：三菱ふそうバス製造（MFBM）
日産自動車：日産車体
トヨタ自動車：小型車はトヨタ車体（子会社の岐阜車体工業を含む），大型車はジェイ・バス
○販売価格例は特記外，10%税込価格である。
○各写真は解説の末尾に撮影者のイニシャル（104ページ参照）を記載した。それ以外の写真はメーカー・販売会社提供または編集部撮影。

［出力・トルクの換算］
●出力：1PS＝0.735499kW
　例：240PS×0.735499＝176.51976＝177kW
●トルク：1kgf·m＝9.80665N·m
　例：75kgf·m×9.80665＝735.49875＝735N·m

## 小型車 日産キャラバン マイクロバス

Nissan Caravan Microbus: The small-size bus variant of Caravan commercial vehicle series for 14 passengers, with the present 5th generation being introduced in 2012. The diesel engine model was discontinued in 2021 and has been integratedinto gasoline powered model. 2WD and 4WD variants are offered, powered by 108kW engine coupled with 7-speed AT. spec.: page 27

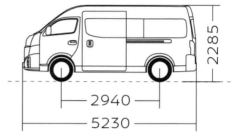

日産キャラバンマイクロバス（東海交通，Ya）

キャラバン マイクロバスはワンボックス商用車・キャラバンシリーズにラインアップするバスで，現在のモデルは2012年に発売された5代目である（5代目の2021年までの車名は『NV350キャラバン』）。全長5.23m・全幅1.88mのスーパーロングボデー・ワイド・ハイルーフをベースに，5列14席のシートを装備する。また開口幅1,580mmのスライドドアや座面幅905mmのシートなど，優れた乗降性・居住性が特徴である。2021年10月にガソリン車が平成30年規制に適合し車名を「キャラバン」に変更した際，マイクロバスもディーゼル車を中止しガソリン車に集約するとともに，複数あったグレードをGXに統一するなどした。併せてフロントマスク一新，安全装備の充実，ATの5速→7速化などの改良を行った。また2022年7月には燃費の改善と装備の充実を図った。駆動方式は2WDと4WDで，排気量2.5ℓ・108kW（147PS）のQR25DE型ガソリンを搭載する。製造は日産車体。なおいすゞ自動車へのOEM供給車「コモ マイクロバス」は2022年に中止された。【販売価格例＝キャラバン マイクロバス4WD GX：389万4,000円】諸元表は27ページ

## 小型車 トヨタハイエース コミューター

Toyota HiAce Commuter: The 14 passenger small-size bus which is a member of Toyota HiAce commercial vehicle series. Both diesel and gasoline engines are offered, with 2WD and 4WD variants. All of the models are equipped with automatic transmissions. spec.: page 27

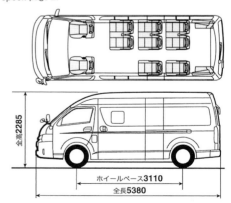

トヨタハイエースコミューター

ハイエース コミューターはワンボックス商用車・ハイエースのバスバージョンで，現行モデルは2005年発売の5代目である。全長5.38m・全幅1.88mのボデーは，スーパーロングバン・ワイドボデーと共用する。定員は14人で，最後列4席は両サイドに2席ずつ跳ね上げて荷物スペースにできるスペースアップシートである。
駆動方式は2WD（ガソリン，ディーゼル）と4WD（ガソリン）で，ガソリンエンジンは排気量2.7ℓ・118kW（160PS）の2TR-FE型，ディーゼルエンジンは同2.8ℓ・111kW（151PS）の1GD-FTV型を搭載，各々6速ATを組み合わせる。2021年8月にガソリン車，ディーゼル車とも平成30年排出ガス規制に適合，2022年4月にはディーゼル車の燃費改善により平成27年度燃費基準＋15%を達成および尿素水タンク容量の拡大（10.4ℓ），併せて踏み間違いによる事故軽減に寄与するパーキングサポートブレーキを標準装備した。2025年1月の改良でガソリン車・ディーゼル車ともDXグレードを廃止し，GLに一本化した。製造はトヨタ車体である。【販売価格例＝ハイエース コミューター GLディーゼル：385万1,600円】諸元表は27ページ

Toyota Coaster/Hino Liesse II: Coaster is a front-engined small-size bus introduced by Toyota in 1969, and can be found in approximately 110 countries and areas around the world. Since 1999, the model is being supplied to their subsidiary Hino as Liesse II, with all of the engines that power the present model (4th generation) introduced in 2016 being manufactured by Hino. However it was learned that these engines were part of Hino's emission and fuel consumption cover-up that was discovered in 2022, so the production and sale of all of the models had cancelled. A revised model with Toyota 1GD engine coupled with 6 speed full automatic transmission had relaunched in March 2023. Along with the new engine, new safety devices such as EDSS (Emergency Driving Stop System) and automatic headlamps are installed.

トヨタコースター　ロングボデーLX

　トヨタコースターは国内の小型バス市場で大きなシェアを誇るとともに，世界110の国・地域で使用されている量産バスである。その前身は1963年に発売されたトヨタライトバスで，1969年に初代コースターにフルモデルチェンジ。1982年に2代目，1992年に3代目となり，1996年からは日野自動車にリエッセⅡとしてOEM供給されている。2016年12月に4代目にフルモデルチェンジされ，環状骨格（フープ構造）ボデーの採用によりECE基準のR66（ロールオーバー性能）をクリアするとともに，全高約2.6mのハイルーフに統一された。エンジンは日野製N04C系2機種（110kW，129kW）を搭載，また乗用車と安全装備を共通化するためバッテリーを24Vから12Vに変更するとともにエアサスを中止した。ボデー長は6.99mのロングボデー，6.255mの標準ボデー（リエッセⅡはショートボデー）のほか，2019年には平成28年規制適合を機に超ロングボデー（同・スーパーロングボデー，定員13人＋荷物室）を追加した。

　2022年春に公表された日野のエンジン認証不正問題（22ページ）でN04C系が該当機種に含まれていたことに伴い，コースター／リエッセⅡとも同時期に予定されていた改良を見送るとともに，全車型の販売を中止したが，約1年後の2023年3月にトヨタ製エンジン

新規搭載されたEDSS．車内最前部に同乗者（客席）操作スイッチおよび警告ランプを設置する．ドライバー向け操作兼解除スイッチはATセレクター右手に配置される

コースター型式一覧（リエッセⅡは末尾に「M」を付加）

| 標準ボデー | ロングボデー | 超ロングボデー |
|---|---|---|
| 2KG-GDB60 | 2KG-GDB70 | 2KG-GDB80 |

を搭載して販売を再開した。搭載エンジンはワンボックス車・ハイエースや小型トラック・ダイナ1トン系などに採用されている1GD-FTV型で，最高出力110kWの1種類。トランスミッションは全車6速ATを組み合わせる。なお排気ブレーキは装備しない。ボデーバリエーションはN04C系エンジン時代と同じくロングボデー，標

日野リエッセⅡ　ロングボデーGX

トヨタコースター（4代目），日野リエッセⅡ（2代目）の変遷

| | |
|---|---|
| | 4代目コースターとOME車・リエッセⅡ発売． |
| 2017.1 | エンジンは日野製直4ディーゼルに集約《SKG-，SPG-，SDG-》 |
| 2018.6 | 空力性能向上，衝突被害軽減ブレーキ装着など改良 |
| 2019.7 | 平成28年規制適合，超ロングボデー追加《2KG-，2PG-》 |
| 2020.6 | ロングボデーにプレミアムキャビンを追加 |
| 2021.1 | 幼児車の安全装備を強化，全車が高度OBDに対応 |
| 2022.3？ | 日野の認証不正問題に伴い出荷停止（生産は1月まで） |
| 2023.3 | トヨタ製エンジンと6速ATの組み合わせで販売再開．ドライバー異常時対応システム（EDSS）標準装備《2KG-》 |
| 2023.4 | 車内置き去り防止支援システムを販社純正オプションで設定（2004年7月以降の幼児専用車に後付け装着が可能） |
| 2023.5 | 日野製エンジン搭載2KG-，2PG-車（既納車）の排出ガス規制識別記号を2DG-に訂正 |

トヨタコースター ロングボデーGX（日本城タクシー，Te）

準ボデー，超ロングボデーの3種類だが，出力低減を踏まえてそれまでのロングボデーの最大定員を29人から27人に変更した。併せてグレードは上級のEX，最上級のプレミアムキャビンを中止してGX，LX，幼児車の3種類に集約した。このほかドライバー異常時対応システムEDSS，オートハイビームを装備した。【販売価格例＝コースター・ロングボデーGX・26人乗りパッケージ：803万8,000円，リエッセII・ショートボデーLX・25人乗り：707万9,600円】

トヨタコースター ロングボデーGX 26人乗りパッケージ

**コースター ロングボデー／リエッセII ロングボデー**

**コースター 超ロングボデー／リエッセII スーパーロング**

## ■諸元表

| 車　名 | | トヨタ コースター | | 日野リエッセII |
|---|---|---|---|---|
| 型　式 | | 2KG-GDB70 | 2KG-GDB60 | 2KG-GDB80M |
| 仕　様 | | ロング／LX | ショート／GX | スーパーロング／LX |
| 乗車定員 | （人） | 27 | 25 | 13 |
| 全　長 | （mm） | 6,990 | 6,255 | 7,725 |
| 全　幅 | （mm） | 2,080 | 2,080 | 2,080 |
| 全　高 | （mm） | 2,635 | 2,630 | 2,640 |
| ホイールベース | （mm） | 3,935 | 3,200 | 4,435 |
| トレッド（前／後） | （mm） | | 1,690／1,490 | |
| 最低地上高 | （mm） | | 185 | |
| 室内寸法（長） | （mm） | 6,230 | 5,495 | 客室4,045＋荷室2,750 |
| 〃　（幅） | （mm） | 1,885 | 1,885 | 1,880 |
| 〃　（高） | （mm） | 1,890 | 1,890 | 1,890 |
| 車両重量 | （kg） | 3,720 | 3,540 | 3,700 |
| 車両総重量 | （kg） | 5,205 | 4,915 | 4,415 |
| 最小回転半径 | （m） | 6.5 | 5.5 | 7.2 |
| エンジン仕様 | | | 直4・TI付 | |
| エンジン型式 | | | 1GD-FTV | |
| 総排気量 | （cc） | | 2,754 | |
| 最高出力 | （kW/rpm） | | 110（150PS）／2,500 | |
| 最大トルク | （N·m/rpm） | | 420（42.8kgf·m）／1,400-2,500 | |
| 変速機 | | | 6速AT | |
| 変速比　①／②／③ | | | 3.741／2.002／1.342 | |
| 　　　　④／⑤／⑥ | | | 1.000／0.772／0.634 | |
| 終減速比 | | | 5.375 | |
| JH25モード燃費 | （km/ℓ） | | 8.52 | |
| ステアリング型式 | | | ボールナット式パワーステアリング付 | |
| サスペンション型式（前） | | | 独立懸架式トーションバーばね | |
| 〃　　　（後） | | | 車軸式板ばね | |
| 主ブレーキ | | | 前：ディスク／後：ドラム 油圧真空倍力装置付 | |
| タイヤサイズ | | | 215/70R17.5-118/116N LT | |
| 燃料タンク容量 | （ℓ） | | 95 | |
| 尿素水タンク容量 | （ℓ） | | 23 | |

| 日産キャラバン／トヨタハイエース(25ページ)の主要諸元 | | | | | |
|---|---|---|---|---|---|
| 車　名 | | 日産キャラバンマイクロバス | | トヨタハイエースコミューター | |
| 型　式 | | 3BF-DS4E26 | 3BF-DS8E26 | 3DF-GDH223B | 3BF-TRH228B |
| 仕　様 | | GX 2WD | GX 4WD | GL 2WD | GL 4WD |
| 乗車定員 | （人） | 14 | 14 | 14 | 14 |
| 全　長 | （mm） | 5230 | 5,230 | 5,380 | 5,380 |
| 全　幅 | （mm） | 1880 | 1,880 | 1,880 | 1,880 |
| 全　高 | （mm） | 2285 | 2,285 | 2,285 | 2,285 |
| ホイールベース | （mm） | 2940 | 2,940 | 3,110 | 3,110 |
| トレッド（前）／（後） | （mm） | 1,660／1,635 | 1,655／1,635 | 1,655／1,650 | 1,655／1,650 |
| 最低地上高 | （mm） | 170 | 170 | 185 | 175 |
| 室内寸法（長） | （mm） | 4245 | 4,245 | 4,250 | 4,250 |
| 〃　（幅） | （mm） | 1730 | 1,730 | 1,730 | 1,695 |
| 〃　（高） | （mm） | 1565 | 1,565 | 1,565 | 1,565 |
| 車両重量 | （kg） | 2150 | 2,260 | 2,240 | 2,200 |
| 車両総重量 | （kg） | 2920 | 3,030 | 3,010 | 2,970 |
| 最小回転半径 | （m） | 6 | 6.0 | 6.1 | 6.3 |
| エンジン仕様 | | ガソリン直4 | | 直4・TI付 | ガソリン直4 |
| エンジン型式 | | QR25DE | | 1GD-FTV | 2TR-FE |
| 総排気量 | （cc） | 2,458 | | 2,754 | 2,693 |
| 最高出力 | （kW/rpm） | 108（147PS）／5,600 | | 111（151PS）／3,600 | 118（160PS）／5,200 |
| 最大トルク | （N·m/rpm） | 213（21.7kgf·m）／4,400 | | 300（30.6kgf·m）／1,000-3,400 | 243（24.8kgf·m）／4,000 |
| 変速機 | | 7速AT | | 6速AT | |
| 変速比　①／②／③ | | 4.873／3.102／1.984 | | 3.600／2.090／1.488 | |
| 　　　④／⑤／⑥／⑦ | | 1.371／1.000／0.870／0.775 | | 1.000／0.684／0.580 | |
| 終減速比 | | 3.181 | 3.700 | 4.100 | 4.875 |
| WLTCモード燃費 | （km/ℓ） | 8.0 | 7.5 | 11.5 | 8.1 |
| ステアリング型式 | | ラック＆ピニオン，パワーステアリング付 | | ラック＆ピニオン，パワーステアリング付 | |
| サスペンション型式（前） | | 独立懸架式トーションバー | | 独立懸架式トーションバー | |
| 〃　　（後） | | 車軸式板ばね | | 車軸式板ばね | |
| 主ブレーキ | | ディスク／ドラム | | ディスク／ドラム | |
| タイヤサイズ（前後） | | 195/80R15 107/105NLT | | 195/80R15 107/105N LT | |
| 燃料タンク容量 | （ℓ） | 65 | | 70 | 70 |
| 尿素水タンク容量 | （ℓ） | - | | 10.4 | - |

三菱ふそうローザ
ロングボデー　2RG-BE740G
（豊鉄ミデイ，Ya）

　ローザは1960年にデビューした小型バスで，現行モデルは1997年登場の５代目にあたる。ボデー長は6.99mのロングボデー，6.245mのショートボデー，7.73mのスーパーロングボデーの３種類，また駆動方式は2WDおよび，フルタイム方式を採用するクラス唯一の4WD（ロングボデーのみ）を設定する。

　2018年には５代目登場以来の大幅なフェイスリフトにより，ヘッドランプを丸型４灯式から異形２灯式に変更，翌2019年には平成28年規制に適合するとともに，総輪ディスクブレーキ，衝突被害軽減ブレーキ，車両安定性制御装置，車線逸脱警報装置，坂道発進補助装置を採用し安全性を向上。併せてダッシュボードのデザイン変更とインパネシフトおよびレバー式パーキングブレーキの採用，一部グレードへのLEDヘッドランプ採用などを行った。さらに，2021年にはLEDリヤランプ，オートライト，デイタイムランニングライトの採用やテレマティクス機能「バスコネクト」サービスに対応した通信端末の装備，外装色の一部変更などを行い現在に至っている。

　エンジンはフィアット・パワートレーン・テクノロジー（FPT）

ローザ型式一覧

| スーパーロング | ロング | ロング4WD | ショート |
|---|---|---|---|
| 2RG-BE740J | 2RG-BE740G | 2RG-BG740G | 2RG-BE740E |

三菱ふそうローザ（５代目）の略歴〈2007年以降〉

| | |
|---|---|
| 2007.7 | 平成17年規制に適合《PDG-》 |
| 2011.8 | 平成22年規制に適合《SKG-》。ショートボデーと4WDを中止，エンジン一新，ATをトルコン式からDUONICに変更，安全装備を充実，新保安基準に適合 |
| 2013.4 | 平成27年度燃費基準達成《TPG-/TRG-/TTG-》，ショートボデー再発売 |
| 2015.4 | スーパーロングの一部が新エコカー減税対応《TTG-》 |
| 2015.11 | 4WD再発売《TPG-》 |
| 2018.10 | フロントマスク一新 |
| 2019.10 | 平成28年規制適合，各部改良《2RG-》 |
| 2021.8 | リヤランプLED化，バスコネクト対応など改良 |

と共同開発した排気量３ℓの4P10型ディーゼルで，出力129kW（175PS）または110kW（150PS，4WD専用）を搭載する。トランスミッションはデュアルクラッチ方式の６速AMT "DUONIC（デュオニック）

ローザ ロングボデー　路線仕様
2RG-BE740G
（三重交通，MBMサービス架装車）

Mitsubishi Fuso Rosa: The small-size bus that debuted in 1997 is the 5th generation of the model that was the first introduced in 1960. Based on the body with the overall length of 7m, 3 body lengths including 6.5m and 7.7m are being offered. The drive systems are 2WD and 4WD, the only model of its class. The present engine manufactured by FPT produces 129kW and 110kW, and is combined with either 6-speed AMT. The model continues to receive upgrades, with a completely new front end design in 2018, conforming to 2016 emission regulations and completely new operation system in 2019, along with enhanced safety and introduction of Busconnect in 2021.

↑路線仕様は二次架装により仕上げられ，装備品を含めて多彩なニーズに対応する．リフト付の車内（三重交通）
→ローザ ショートボデー 2RG-BE740E（ジャパン交通，AN）

2.0"および，2WDにのみ設定される5速MTがある．サスペンションは前輪：独立懸架式，後輪：リーフである．

安全面では全正席にELR3点式シートベルトを備える．グレードはエコラインとプロラインを基本に，パッケージオプションのプレミアム（スイング扉仕様）も用意される．また幼児車，路線仕様車，チェアデッキ（車椅子用リフト付），さらに5種類の内装が用意される観光仕様車などが設定されている．
【販売価格例＝ローザ ロングボデー・2WD・6速AMT，プロライン，定員29人：785万8,000円】

↓メーカーが提案する特別仕様の車内例．観光タイプのハイグレード仕様で乗客定員14人．客室は間接照明を採用し棚付の後部荷物室を備える

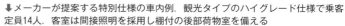

## ローザ ロングボデー

## ローザ スーパーロング

### ■諸元表

| 車　　名 | | 三菱ふそうローザ | | | |
|---|---|---|---|---|---|
| 型　　式 | | 2RG-BE740J | 2RG-BE740G | 2RG-BG740G | 2RG-BE740E |
| 仕　　様 | | スーパーロング | ロング | ロング4WD | ショート |
| 乗車定員 | (人) | 33 | 29 | 29 | 25 |
| 全　　長 | (mm) | 7,730 | 6,990 | 6,990 | 6,245 |
| 全　　幅 | (mm) | 2,010 | 2,010 | 2,010 | 2,010 |
| 全　　高 | (mm) | 2,640 | 2,640 | 2,690 | 2,630 |
| ホイールベース | (mm) | 4,550 | 3,995 | 3,995 | 3,490 |
| トレッド(前)／(後) | (mm) | 1,655/1,495 | 1,655/1,495 | 1,655/1,495 | 1,655/1,495 |
| 最低地上高 | (mm) | 175 | 175 | 175 | 175 |
| 室内寸法(長) | (mm) | 7,030 | 6,315 | 6,315 | 5,570 |
| 〃　　(幅) | (mm) | 1,845 | 1,845 | 1,845 | 1,845 |
| 〃　　(高) | (mm) | 1,860 | 1,860 | 1,860 | 1,860 |
| 車両重量 | (kg) | 4,100 | 3,910 | 4,060 | 3,370 |
| 車両総重量 | (kg) | 5,915 | 5,505 | 5,655 | 5,045 |
| 最小回転半径 | (m) | 7.1 | 6.3 | 7.4 | 5.6 |
| エンジン仕様 | | 直4・TI付 | | | |
| エンジン型式 | | 4P10(T6) | | 4P10(T4) | 4P10(T6) |
| 総排気量 | (cc) | 2,998 | | | |
| 最高出力 | (kW/rpm) | 129(175PS)/2,860 | | 110(150PS)/2,440 | 129(175PS)/2,860 |
| 最大トルク | (N·m/rpm) | 430(43.8kgf·m)/1,600〜2,860 | | | |
| 変速機 | | 5速MT | 6速AMT | | |
| 変速比 ①/② | | 5.494/3.038 | 5.397/3.788 | | |
| 〃　 ③/④ | | 1.592/1.000 | 2.310/1.474 | | |
| 〃　 ⑤/⑥ | | 0.723/— | 1.000/0.701 | | |
| 終減速比 | | 4.875 | | | |
| JH25モード燃費 | (km/ℓ) | 9.55 | 9.64 | 9.63 | 9.64 |
| ステアリング型式 | | ラック&ピニオン，パワーステアリング付 | | | |
| サスペンション型式 (前) | | 独立懸架式コイルばね | | 独立懸架式トーションバー | 独立懸架式コイルばね |
| 〃　　 (後) | | 車軸式板ばね | | | |
| 主ブレーキ | | 前後ディスク　油圧真空倍力装置付 | | | |
| 補助ブレーキ | | 排気ブレーキ | | | |
| タイヤサイズ (前/後) | | 205/80R16 | | | |
| 燃料タンク容量 | (ℓ) | 100 | 100 | 70 | 100 |

Hino Poncho: The rear engine, small-size non-step bus introduced in 2004. With L4, 132kW transverse engine, the fully flat floor with the floor height of 310mm has been realized by utilizing angular drive. The longer model with overall length of 7m and the shorter model with 6.3m are offered. EV variant was developed in 2012, but had been restricted to experimental operations. Due to Hino's emission and fuel consumption data falsification issue, its sales had suspended in late 2022. Poncho relaunched in spring 2023 with a new engine variant, together with EDSS and automatic headlamps.

日野ポンチョ・ロング2ドア
2DG-HX9JLCE
（京成バス，Md）

　ポンチョは2002年に初代が発売された小型ノンステップバスで，現在のモデルは2006年に発売された2代目である。初代ポンチョはフロントエンジン・前輪駆動の輸入商用車がベースで，室内全長にわたるフルフラットノンステップフロアを特徴としていたが，2代目は初代の大きな特徴であった優れた乗降性を引き継ぎ，国産コンポーネントによるリヤエンジンレイアウトで登場した。製品化に際しては1995〜2011年に販売された観光・路線・自家用の小型リヤエンジンバス・リエッセのボデーをベースに，直4エンジンを横置き搭載，アングルドライブを介してプロペラシャフトと結んでいる。これによりホイールベース間に段差のない，床面地上高310mmのノンステップフロアを実現している。

　現行モデルは2017年12月に発売された平成28年排出ガス規制適合車で，エンジン認証不正問題により一時期販売を中断していたが，

日野ポンチョ（2代目）の略歴

| | |
|---|---|
| 2004.11 | 東京モーターショーにコンセプトモデル"ポンチョL"展示 |
| 2006.6 | 2代目"ポンチョ"ロング／ショート発売．平成17年規制適合車《ADG-》 |
| 2007.6 | AT車を追加《ADG-》 |
| 2007.7 | 低排出ガス重量車に適合《BDG-》 |
| 2008.10 | ロングに1ドア車追加．ロング1ドア車とショートに座席数重視型レイアウト設定 |
| 2011.8 | 平成22年規制に適合《SKG-／SDG-》 |
| 2012.3 | ピュア電気バスのポンチョEV，営業運行開始 |
| 2012.4 | 新保安基準・新ワンマンバス構造要件に適合 |
| 2017.12 | 平成28年規制に適合《2DG-》，AT車に集約 |
| 2019.6 | 高度OBDに対応 |
| 2023.2 | エンジン換装，EDSS，オートライトなど安全装備を拡充 |

従来のJ05E〈J5-Ⅵ〉型直4エンジンをJ05E〈J5-Ⅶ〉型に改めたうえで2023年2月に販売再開した。エンジン出力は従来と同じ132kW（180PS）で5速ATを組み合わせており，排出ガス後処理装置は尿素SCRシステムを採用する。販売再開に合わせてオートライトやドライバー異常時対応システムEDSSなどを装備した。

　ボデーバリエーションは，全長7mの「ロング」が2ドアと1ドアの2種類，全長6.3mの「ショート」が1ドアのみの，基本計3種類。また車内仕様は都市型（前向き，横向き，左側前向き・右側横向き）と郊外型（全席前向きで右側2人がけ・左側1人がけ）が設定される。全車にLED式室内灯を標準装備，フォグ

日野ポンチョ・ロング1ドア
2DG-HX9JLCE（おんたけ交通）

日野ポンチョ・ショート　2DG-HX9JHCE（西鉄バス北九州，TM）

日野ポンチョ・ロング1ドア　2DG-HX9JLCE（千葉交通）

ポンチョの車内例
①ロング2ドア・都市型の全席前向き仕様。このほか左側が横向きの仕様もある
②ロング1ドア・郊外型．座席数を重視した2＋1仕様
③ショート・都市型

ランプ，ハイマウントストップランプ，吊革，乗降中表示灯などを各々オプション設定する。製造はジェイ・バス小松工場が行う。

2012〜2013年には日野自動車が開発した電気バス「ポンチョEV」が限定販売の扱いで，東京都内と石川県内のコミュニティバスに計3台導入されたが，市販のポンチョと同等の定員を確保するため搭載するバッテリーの容量が限られ，一充電当たりの航続距離は8〜10km程度と短く，急速充電を前提とした。これらは既に全車引退している。

2023年にドライバー異常時対応システムEDSSを新搭載．客席スイッチと警告ランプを運転席Hポールに設置（左）．ドライバー向け操作兼解除スイッチはインパネ右端に配置する（右）

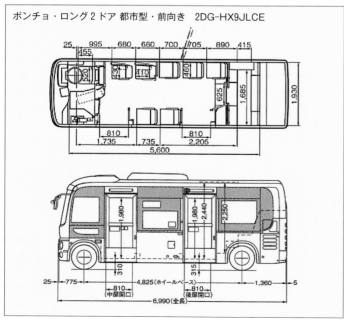

ポンチョ・ロング2ドア 都市型・前向き　2DG-HX9JLCE

■諸元表

| 車　名 | | 日野ポンチョ | | |
|---|---|---|---|---|
| 型　式 | | 2DG-HX9JLCE | 2DG-HX9JLCE | 2DG-HX9JHCE |
| ボデータイプ・扉位置 | | ロング・中後扉 | ロング・中扉 | ショート・中扉 |
| 乗車定員 | （人） | 36 | 33 | 29 |
| 全　長 | (mm) | 6,990 | 6,990 | 6,290 |
| 全　幅 | (mm) | 2,080 | 2,080 | 2,080 |
| 全　高 | (mm) | 3,100 | 3,100 | 3,100 |
| ホイールベース | (mm) | 4,825 | 4,825 | 4,125 |
| トレッド（前／後） | (mm) | 1,720/1,575 | 1,720/1,575 | 1,720/1,575 |
| 最低地上高 | (mm) | 165 | 165 | 165 |
| 室内寸法（長） | (mm) | 5,600 | 5,600 | 4,900 |
| 〃　（幅） | (mm) | 1,930 | 1,930 | 1,930 |
| 〃　（高） | (mm) | 2,440 | 2,440 | 2,440 |
| 車両重量 | (kg) | 5,860 | 5,850 | 5,620 |
| 車両総重量 | (kg) | 7,840 | 7,665 | 7,215 |
| 最小回転半径 | (m) | 7.7 | 7.7 | 6.7 |
| エンジン仕様 | | 直4・TI付 | | |
| エンジン型式 | | J05E〈J5-Ⅶ〉 | | |
| 総排気量 | (cc) | 5,123 | | |
| 最高出力 | (kW/rpm) | 132(180PS)/2,500 | | |
| 最大トルク | (N・m/rpm) | 530(450Kgf・m)/1,500 | | |
| 変速機 | | 5速AT | | |
| 変速比　①/②/③ | | 3.463/2.024/1.476 | | |
| 　　　　④/⑤ | | 1.000/0.807 | | |
| 終減速比 | | 4.333 | | |
| JH25モード燃費 | (km/ℓ) | 5.91 | | |
| ステアリング型式 | | インテグラル式パワーステアリング付 | | |
| サスペンション型式（前後共） | | 車軸式空気ばね（板ばね併用） | | |
| 主ブレーキ | | 空気油圧複合式 | | |
| 補助ブレーキ | | 排気ブレーキ | | |
| タイヤサイズ | | 205/80R17.5 | | |
| 燃料タンク容量 | (ℓ) | 100 | | |
| 尿素水タンク容量 | (ℓ) | 19 | | |

日野メルファ
ロイヤルサルーン
2DG-RR2AJDA

日野メルファは1999年に，先代のレインボーRR／RJをフルモデルチェンジして登場した中型観光・自家用バスで，2004年にはいすゞとの統合モデルになり，ガーラミオとしても販売されている。両車とも2017年に平成28年排出ガス規制に適合，2019年には高度OBDへの対応などを図り，さらに2021年には安全装備を充実させた。製造はジェイ・バス小松工場が行う。

現行モデルは日野メルファ，いすゞガーラミオとも日野製の直列4気筒・排気量5.1ℓのA05C〈A5-Ⅷ〉型エンジンを搭載する。このエンジンは最高出力162kW（220PS），最大トルク794N・m（81kgf・m）を発生し，平成22年規制の時代に搭載していた直列5気筒・排気量6.4ℓのJ07E型に対して，出力はほぼ同等，トルクはより大きい。トランスミッションは全車，日野製の6速AMT "Pro Shift" を組み合わせ，運転操作性の向上と適切な変速による燃費低減，さらにイージードライブにつなげている。排出ガス後処理装置は尿素SCRシ

| 日野メルファ／いすゞガーラミオの略歴 | |
|---|---|
| 1999.3 | "メルファ9"発売．ホイールベース2種類，全高2種類．平成10年規制適合車《KK-》 |
| 1999.6 | 初代"ガーラミオ"発売．ホイールベース2種類．平成10年規制適合車《KK-》 |
| 2004.8 | メルファ9，平成15年規制に適合《PB-》．7m車メルファ7の中止で"メルファ"に改称の上，全高3mの長尺車に集約．ガーラミオはメルファの統合モデルとなり2代目に移行《PB-》 |
| 2007.7 | 平成17年規制に適合《BDG-》 |
| 2011.7 | 平成22年規制に適合《SDG-》 |
| 2012.5 | 新保安基準に対応 |
| 2015 | メルファ プラグインハイブリッド限定発売（2017年中止） |
| 2017.7 | 平成28年規制に適合，全車AMT化《2DG-》 |
| 2019.6 | 高度OBDに対応 |
| 2021.9 | EDSS，オートライトなど安全装備を拡充 |

ステムを採用する。

グレードはメルファが上からロイヤルサルーン／スーパーデラッ

日野メルファ
2DG-RR2AJDA
（濃飛乗合自動車，Ya）

↑ジェイ・バスは特別支援学校スクールバス向けに，扉一体型リフト車を設定している．この車両は日野メルファ／いすゞガーラミオの特装用胴殻車をベースに和光工業製リフトをライン装着する．車椅子利用者の乗車数は1～6人の6パターンが用意される．（東神観光バス，Ya）．🔊最上級グレードの日野メルファロイヤルサルーン／いすゞガーラミオM-Ⅲの車内

クス／デラックス，ガーラミオが上からM-Ⅲ／M-Ⅱ／M-Ⅰの各3種類．最上級グレードはいずれもシート部段上げ・スイング扉，リクライニングシート8列＋乗務員2の定員35人．中間グレードはシート部段上げ・折戸，リクライニングシート9列＋補助席5＋乗務員1の定員43人．下位グレードは平床・折戸，固定シート9列＋補助席8＋乗務員1の定員46人が標準である．最上級グレードはAV機器・冷蔵庫などを，上位2グレードには2スパン左右貫通トランクルームを標準装備する．このほか車椅子用リフト付バスなどに適した二次架装向けの特装用ベース車（胴殻車）が設定されるとともに，ジェイ・バスでは中扉一体型リフト（和光工業製）を製造ラインで装着し，納期短縮とコスト低減につなげた仕様も用意している．

装備面では坂道発進補助装置を標準装備するとともに，ディスチャージヘッドランプ，車高調整機能，客室内強制排気装置エキゾースター，LED式客室エントランスランプ（上位2グレード）などをオプション設定する．運転席周りではメータークラスターにユニバーサルデザインを採り入れ視認性を高めるとともに，マルチインフォメーションディスプレイを組み込んでいる．また冷房装置は外気

導入なしが標準，外気導入付がオプションである．2021年の改良では，衝突被害軽減ブレーキ（歩行者・自転車検知型），車両安定性制御システム，車線逸脱警報，オートヘッドランプ／オートハイビーム，さらにドライバー異常時対応システムEDSSなど各種安全装備を標準で採用した．このほかジェイ・バスでは専用の感染症対策用品として，運転席飛沫防止パネル・カーテン，消毒液ボトル取付金具などを発売しており，使用過程車にも対応する．

なお2022年の日野自動車のエンジン認証不正問題に伴い，排出ガス規制に適合しない可能性があったA05Cエンジンを搭載するメルファ／ガーラミオは一時販売を中止したが，その後適合が確認されたため，同年秋から両車種とも販売を再開している．

【販売価格例＝メルファロイヤルサルーン・定員35人：2,312万7,500円。ガーラミオM-Ⅰ・定員45人：1,850万7,500円】

Hino Melpha/Isuzu Gala Mio: Melpha is the medium-size bus for private and sightseeing introduced in 1999 by Hino. The model became consolidated with Isuzu's in 2004. Both models offer 3 grades. The engine has been changed from L6 to L4 in 2017. At the same time, both MT and AT have been discontinued and only 6-speed AMT (Hino Pro Shift) is presently being offered.Along with adding Emergency Driving Stop System (EDSS) in 2021, the model received various refinements.

### メルファ ロイヤルサルーン／ガーラミオ M-Ⅲ

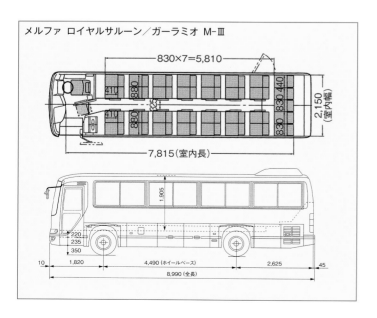

■諸元表

| 車　名 | | 日野メルファ／いすゞガーラミオ | | |
|---|---|---|---|---|
| 型　式 | | 2DG-RR2AJDA／2DG-RR2AJDJ | | |
| 扉位置 | | 前扉 | 前扉 | 前扉 |
| 仕　様 | | ロイヤルサルーン／M-Ⅲ | スーパーデラックス／M-Ⅱ | デラックス／M-Ⅰ |
| 乗車定員 | (人) | 35 | 41 | 45 |
| 全　長 | (mm) | 8,990 | 8,990 | 8,990 |
| 全　幅 | (mm) | 2,340 | 2,340 | 2,340 |
| 全　高 | (mm) | 3,035 | 3,035 | 3,035 |
| ホイールベース | (mm) | 4,490 | 4,490 | 4,490 |
| トレッド（前／後） | (mm) | 1,905/1,725 | 1,905/1,725 | 1,905/1,725 |
| 室内寸法（長） | (mm) | 7,815 | 7,815 | 7,770 |
| 〃　　（幅） | (mm) | 2,150 | 2,150 | 2,150 |
| 〃　　（高） | (mm) | 1,905 | 1,905 | 1,905 |
| 車両重量 | (kg) | 7,715 | 7,665 | 7,340 |
| 車両総重量 | (kg) | 9,640 | 9,920 | 9,815 |
| 最小回転半径 | (m) | 7.4 | 7.4 | 7.4 |
| エンジン仕様 | | 直4・TI付 | | |
| エンジン型式 | | A05C〈A5-Ⅷ〉 | | |
| 総排気量 | (cc) | 5,123 | | |
| 最高出力 | (kW/rpm) | 162(220PS)/2,000 | | |
| 最大トルク | (N·m/rpm) | 794(81kgf·m)/1,500 | | |
| 変速比 | ①／② | 6.098/3.858 | | |
| | ③／④ | 2.340/1.422 | | |
| | ⑤／⑥ | 1.000/0.744(以上AMT標準) | | |
| 終減速比 | | 5.672 | | |
| 重量車モード燃費 | (km/ℓ) | 6.10 | | |
| ステアリング型式 | | インテグラル式パワーステアリング付 | | |
| サスペンション型式（前） | | 車軸式空気ばね（板ばね併用） | | |
| 〃　　　　　　（後） | | 車軸式空気ばね（板ばね併用） | | |
| 主ブレーキ | | 空気油圧複合式 | | |
| 補助ブレーキ | | 排気ブレーキ | | |
| タイヤサイズ | | 9R19.5 14PR | | |
| 燃料タンク容量 | (ℓ) | 190 | | |

いすゞエルガミオ　2KG-LR290J5（名阪近鉄バス，Ya）

いすゞエルガミオは1999年に先代LRをフルモデルチェンジして発売された中型路線車で，2004年には日野にレインボーⅡ（型式KR）としてOEM供給を開始，2007年から2社の統合モデルとなった。両車種とも2016年，フルモデルチェンジを行い，その前年に発売された大型路線車・いすゞエルガ／日野ブルーリボンとモジュール設計されたボデーに一新するとともに，日野KRは「レインボー」に改称された。両者とも異形2灯式ヘッドランプ採用のフロントマスク，前中扉間ノンステップへの集約，燃料タンクの前輪タイヤハウス後部設置とノンステップフロアの拡大，反転式スロープ板の採用など各部の仕様やデザインなどは共通化されており，2015年ノンステップバス標準仕様に適合している。車内仕様は大型車に準じて都市型・ラッシュ型・郊外Ⅰ型・郊外Ⅱ型を設定する。このほか寒冷地向けに右床下置き燃料タンク仕様があり，座席数をより多くとり

| 2代目エルガミオ／レインボーの略歴 | |
|---|---|
| 2016.4 | 2代目エルガミオ発売，ノンステップのAMT車に集約．レインボーⅡはレインボーに改称《SKG-，型式末尾2》 |
| 2017.8 | 平成28年規制に適合《2KG-，型式末尾3》 |
| 2019.6 | EDSS，BOAなど装備，高度OBDに対応（型式末尾4） |
| 2020.6 | AT車追加 |
| 2022.12 | AMT車中止，自動検知式EDSSの採用など改良（型式末尾5） |

たいニーズにも適している。製造はジェイ・バス宇都宮工場が行う。

現行モデルは2017年に発売された平成28年排出ガス規制適合車で，2019年にはドライバー異常時対応システムEDSSを標準装備，2020年にAT車を追加，2022年12月にフルモデルチェンジ以降の標準トランスミッションであったAMTを中止しATに統一するとともに，自動検知式EDSSの採用など安全装備の拡充を図った（日野は2023年1月末改良）。

エンジンはエルガミオ／レインボーとも

日野レインボー　2KG-KR290J5
（産交バス，HO）

Isuzu ErgaMio (LR)/Hino Rainbow (KR): Isuzu ErgaMio is the medium-size route bus with the previous generation of LR receiving a complete model change in 1999. The present styling was introduced in 2016, with the model being integrated into low-entry variants. Hino Rainbow is the sister model of ErgaMio which was born as a result of the unification of bus manufacturing between Isuzu and Hino. Along with the large-size bus Erga, body manufactured by J-Bus has a modular design and is powered by Isuzu's 4 cylinder engine. In December of 2022, AMT was discontinued and integrated to Allison's AT, and safety features were enhanced with the introduction of automatic detention EDSS system.

郊外Ⅱ型の車内例（神姫バス）

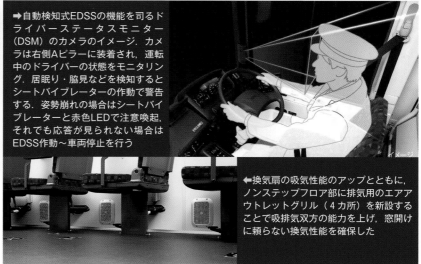

→自動検知式EDSSの機能を司るドライバーステータスモニター（DSM）のカメラのイメージ．カメラは右側Aピラーに装着され，運転中のドライバーの状態をモニタリング．居眠り・脇見などを検知するとシートバイブレーターの作動で警告する．姿勢崩れの場合はシートバイブレーターと赤色LEDで注意喚起，それでも応答が見られない場合はEDSS作動～車両停止を行う

←換気扇の吸気性能のアップとともに，ノンステップフロア部に排気用のエアアウトレットグリル（4カ所）を新設することで吸排気双方の能力を上げ，窓開けに頼らない換気性能を確保した

直4・排気量5.2ℓのいすゞ4HK1-TCS型を搭載する．このエンジンは新VGSシングルターボの採用により過給率を高めるとともに環境性能・燃費性能を改善，最高出力154kW（210PS），最大トルク706N・m（72kgf・m）を発生する．トランスミッションはアリソン製の6速ATで，中扉開時にクリープ状態を完全になくすため，アクセルインターロック，動力カット，オートニュートラルブレーキホールドの各機能で安全性を確保している．またモメンタリースイッチ（エンジン再始動時，アイドリングストップ＆スタートシステムが有効な設定になる装置）の採用で，平成27年度燃費基準を達成している．シフトマップは標準1種類，オプション1種類（燃費重視）を設定する．

このほかブレーキはフルエアを採用，冷房機器はデンソー製パッケージクーラーを標準装備する．安全面・機能面の装備としてEDSS，ブレーキとアクセルを同時に踏んだ場合，エンジン出力を制御しブレーキを優先するBOA（ブレーキ・オーバーライド・アクセラレーター），LED式ヘッドランプ，テールランプ，車内・車外照明などを採用する．

2022年12月の改良ではEDSSを自動検知式に改め，ピラーに装着したカメラでドライバーの状況をモニターするとともに，脇見や居眠りを検知した場合に運転席シートのバイブレーター作動によりドライバーに警告，ドライバーが倒れ込むなど運転姿勢を変化させた場合は警告～車両停止を図るシステムとした．またオートライトとバックモニターを標準装備した．さらに感染症対策として乗客が直接ふれる握り棒などに抗菌化仕様を標準採用するとともに，一部座席の足元にエアアウトレットグリルを設置し，換気性能を高めた．

【販売価格例＝日野レインボー・都市型：2,587万7,500円】

いすゞエルガミオ／日野レインボー

室内高2405

10.6° 370 335 8.4°
45 1765 335 380 2690 90
（軸距）4400
（全長）8990

都市型　中乗

室内幅2135

室内長8070

郊外Ⅰ型　中乗

室内幅2135

室内長8070

■諸元表

| 車　名 | | いすゞエルガミオ(LR)／日野レインボー(KR) |
| --- | --- | --- |
| 型　式 | | 2KG-LR290J5/2KG-KR290J5 |
| 床形状・仕様 | | ノンステップ　都市型 |
| 扉位置 | | 前中扉 |
| 乗車定員 | （人） | 61 |
| 全　長 | （mm） | 8,990 |
| 全　幅 | （mm） | 2,300 |
| 全　高 | （mm） | 3,045 |
| ホイールベース | （mm） | 4,400 |
| トレッド(前／後) | （mm） | 1,945/1,695 |
| 最低地上高 | （mm） | 125 |
| 室内寸法(長) | （mm） | 8,070 |
| 〃　(幅) | （mm） | 2,135 |
| 〃　(高) | （mm） | 2,405 |
| 車両重量 | （kg） | 8,020 |
| 車両総重量 | （kg） | 11,375 |
| 最小回転半径 | （m） | 7.6 |
| エンジン仕様 | | 直4・TI付 |
| エンジン型式 | | 4HK1-TCS |
| 総排気量 | （cc） | 5,193 |
| 最高出力 | （kW/rpm） | 154(210PS)/2,400 |
| 最大トルク | （N・m/rpm） | 706(72kgf・m)/1,400～1,600 |
| 変速機 | | 6速AT |
| 変速比 | ①／② | 3.486/1.864 |
| | ③／④ | 1.409/1.000 |
| | ⑤／⑥ | 0.749/0.652 |
| 終減速比 | | 5.857 |
| JH25モード燃費 | （km/ℓ） | 5.61 |
| ステアリング型式 | | インテグラル式パワーステアリング付 |
| サスペンション型式 | （前） | 車軸式空気ばね |
| | （後） | 車軸式空気ばね |
| 主ブレーキ | | 空気式 |
| 補助ブレーキ | | 排気ブレーキ |
| タイヤサイズ | | 245/70R19.5 136/134J |
| 燃料タンク容量 | （ℓ） | 130 |

いすゞエルガ　短尺車　2RG-LV290N4（小田急バス）

いすゞエルガ（LV）／日野ブルーリボン（KV）はジェイ・バス宇都宮工場で完成する大型路線バスで，前身はいすゞが2000年に発売した初代エルガである。2004年からブルーリボンⅡの名で日野にOEM供給が開始され，2005年に統合モデルとなった。2015年に両車フルモデルチェンジ，その際ノンステップに集約するとともに日野は「ブルーリボン」と改称した。スタイリングは異形2灯式ヘッドランプを含めて両者共通である。フルモデルチェンジ以降，数度の改良が行われ，直近の改良は2022年12月（日野は2023年1月末）である。

ボデーは短尺車がホイールベース5.3m，長尺車が同6mで，先代に対しては500〜700mm延長することでノンステップフロアを拡大，長尺車は先代の長尺ワンステップ車並みの収容力を確保している。また前後オーバーハングの短縮とアプローチアングル・デパーチャアングルの拡大でワンステップ車並みの走破性を確保した。このほか燃料タンクを樹脂化し前輪タイヤハウス後方（標準は左側，オプションで右側）に設置することでノンステップフロアの段上げを解消，優先席の前向き化などにより通路幅の拡大も実現した。車内レ

イアウトは都市型，ラッシュ型，郊外Ⅰ型，郊外Ⅱ型が各々標準。ほかに寒冷地向けで右床下置き燃料タンク仕様があり，座席数をより多くとりたいニーズにも適している。車椅子乗降用に反転式スロープ板を中扉部に標準装備する。

エンジンは燃費・環境性能の改善，小型・軽量化を目的に大型バス初の直列4気筒を搭載，2017年に平成28年規制に適合した。現行のエンジンは排気量5.2ℓのいすゞ4HK1-TCH型で，最高出力177kW（240PS），最大トルク735N·m（75kgf·m）を発生。2ステージターボにより低速域から中・高速域までの高過給で運転性能を確保する。排出ガス後処理装置はDPD，尿素SCRシステムを併用する。トランスミッションはいすゞ製6速AMTとアリソン製6速ATの2種類で，全車2ペダル化されている。このうちAMTは微速走行にも適したクリープ機能も持つとともに手動変速も可能で，オートニュートラル（扉の開閉操作により動力の断接を自動で行う機構）を装備，永久磁石式リターダをオプション設定する。またATは標準仕様と燃費重視型の2種類のシフトマップを用意，オプションでAT内蔵式の流体式リターダを設定する。2020年には全車が平成27年度重量車

いすゞエルガ　短尺車　2RG-LV290N4（秋葉バスサービス，Ya）

いすゞエルガ　長尺車　2RG-LV290Q4（奈良交通，Sz）

いすゞエルガ／日野ブルーリボン N尺都市型の車内例

Isuzu Erga (LV)/Hino Blue Ribbon (KV): Second generation model of Isuzu Erga large-size city bus was introduced in 2015. Wheelbase variants are 5.3m and 6m. The model can be characterized for its wide low floor area owing to its lengthened wheelbase. The engine has been changed from L6 to 5.2 liter L4. MT has been discontinued, with both Isuzu's 6-speed AMT and Allison's 6-sped AT being offered. Blue Ribbon is the same as the Erga and is being offered by Hino, with same variants. The models passed the 2016 emission regulations in 2017. They also offer a low entry transfer bus with the front door layout which can be fitted with the maximum of 12 rows of seats. (refer to page54)

燃費基準を達成したが，これはAT車へのモメンタリースイッチ（エンジン再始動時にアイドリングストップ＆スタートシステムが有効な設定になる装置）の採用による。

　安全性・機能性では2019年にドライバー異常時対応システムEDSSを標準装備，2020年にBOA（ブレーキ・オーバーライド・アクセラレーター）を採用するとともに灯火類・車内照明をLED化，さらに2022年12月の改良でEDSSを自動検知式に改め，ピラーに装着したカメラでドライバーの状況をモニターするとともに，脇見や居眠りを検知した場合，運転席シートのバイブレーター作動によりドライバーに警告。さらにドライバーが倒れ込むなど運転姿勢を変化させた場合は警告〜車両停止を図るシステムとした。またオートライトとバックモニターを標準装備した。このほか感染症対策とし

て乗客が直接ふれる握り棒などに抗菌化仕様を標準採用するとともに，ノンステップフロアの一部座席の足元にエアアウトレットグリルを設置し，換気性能を高めた。

【販売価格例＝日野ブルーリボン・N尺都市型・6速AT：3,010万1,500円】

エルガ（LV）／ブルーリボン（KV）型式一覧（56ページの前扉仕様も共通）

| | ホイールベース | 5,300mm | 6,000mm |
|---|---|---|---|
| 14トン超16トン以下 | AMT車 | 2TG-LV/KV290N4 | 2TG-LV/KV290Q4 |
| 14トン超16トン以下 | AT車 | 2RG-LV/KV290N4 | 2RG-LV/KV290Q4 |
| 12トン超14トン以下 | AMT車 | 2KG-LV/KV290N4 | 2KG-LV/KV290Q4 |
| 12トン超14トン以下 | AT車 | 2KG-LV/KV290N4 | 2KG-LV/KV290Q4 |

2代目エルガ／ブルーリボンの略歴

| 2015. 8 | 2代目エルガ（路線系）発売，ノンステップに集約，全車2ペダル化《QDG-，QKG-，QPG-，QRG-，型式末尾1》 |
|---|---|
| 2015. 9 | ブルーリボンⅡを改称したブルーリボン発売《同》 |
| 2017. 8 | 平成28年規制適合《2TG-，2PG-，2KG-，2DG-，型式末尾2》 |
| 2019. 6 | EDSS，BOAなど装備，高度OBDに対応（型式末尾3） |
| 2020. 6 | AT車が燃費改善《2RG-，2KG-》 |
| 2022.12 | 自動検知式EDSS採用など改良（型式末尾4） |

■諸元表

| 車　名 | | いすゞエルガ（LV）／日野ブルーリボン（KV） | |
|---|---|---|---|
| 型　式 | | 2RG-LV／KV290N4 | 2TG-LV／KV290Q4 |
| 床形状・仕様 | | ノンステップ・都市型 | |
| 扉位置 | | 前中扉 | |
| 乗車定員 | （人） | 79 | 87 |
| 全　長 | （mm） | 10,430 | 11,130 |
| 全　幅 | （mm） | 2,485 | 2,485 |
| 全　高 | （mm） | 3,045 | 3,045 |
| ホイールベース | （mm） | 5,300 | 6,000 |
| トレッド（前／後） | （mm） | 2,065/1,820 | 2,065/1,820 |
| 最低地上高 | （mm） | 130 | 130 |
| 室内寸法（長） | （mm） | 9,495 | 10,195 |
| 〃（幅） | （mm） | 2,310 | 2,310 |
| 〃（高） | （mm） | 2,405 | 2,405 |
| 車両重量 | （kg） | 9,785 | 9,945 |
| 車両総重量 | （kg） | 14,130 | 14,730 |
| 最小回転半径 | （m） | 8.3 | 9.3 |
| エンジン仕様 | | 直4・TI付 | |
| エンジン型式 | | 4HK1-TCH | |
| 総排気量 | （cc） | 5,193 | |
| 最高出力 | （kW/rpm） | 177(240PS)/2,400 | |
| 最大トルク | （N·m/rpm） | 735(75kgf·m)/1,400〜1,900 | |
| 変速機 | | 6速AT | 6速AMT |
| 変速比 ①／② | | 3.486/1.864 | 6.615/4.095 |
| ③／④ | | 1.409/1.000 | 2.358/1.531 |
| ⑤／⑥ | | 0.749/0.652 | 1.000/0.722 |
| 終減速比 | | 6.500 | |
| JH25モード燃費 | （km/ℓ） | 4.81 | 4.90 |
| ステアリング型式 | | インテグラル式パワーステアリング付 | |
| サスペンション型式（前後共） | | 車軸式空気ばね | |
| 主ブレーキ | | 空気式 | |
| 補助ブレーキ | | 排気ブレーキ | |
| タイヤサイズ | | 275/70R22.5 148/145J | |
| 燃料タンク容量 | （ℓ） | 160 | |

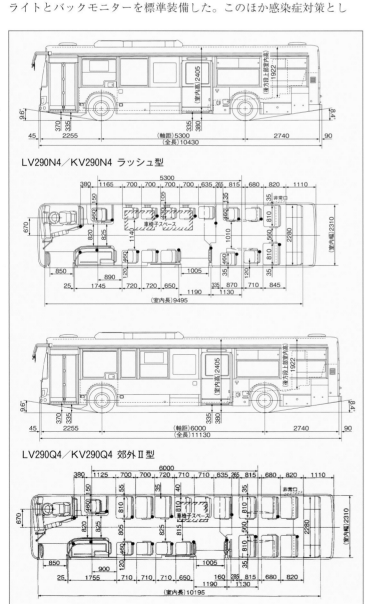

LV290N4／KV290N4 ラッシュ型

LV290Q4／KV290Q4 郊外Ⅱ型

三菱ふそうエアロスターノンステップ　短尺車　2PG-MP38FK（名古屋市交通局，Ya）

エアロスターは三菱ふそうバス製造（MFBM）が製造する大型路線バスである。エンジン縦置きを基本とするふそう大型路線車MPシリーズの第3世代で，1984年に登場した「エアロスター」のネーミングでは2代目にあたる。2代目エアロスターは1996年に発売され，翌1997年に国産市販バス初のノンステップバスを加えた。2014年に全車メジャーチェンジを行い，フロントマスクの変更，ノンステップバスのホイールベース延長などを行った。また2021年には一時期中止されていた送迎・自家用の前扉仕様がワンステップ車をベースに復活した（55ページ）。

路線用はノンステップバスがホイールベース2種類，ワンステップバスが同3種類。基本仕様はノンステップが都市型ラッシュ仕様と郊外型，ワンステップが都市型である。このうちノンステップバスはワンステップをベースとするローエントリーで2009年に登場したが，2014年の改良に際し，国産大型バスでは初めて樹脂製燃料タンクを採用して左前輪タイヤハウス後方に設置した。併せてノンステップバスのホイールベースを短尺で195mm，長尺で250mm延長し，

これらにより優先席の前向き化とノンステップフロアの拡大を実現した。現行モデルは2017年に発売された平成28年排出ガス規制適合車で，以降数次にわたり安全性や機能性の改良が行われている。直近の改良は2022年12月で，EDSSの改良（後述）やオートライトの採用などが行われた。

エンジンはかつて販売された9m車MM用をベースにする直6，排気量7.5ℓの6M60（T6）型199kW（270PS）を搭載。排出ガス後処理装置は再生制御式DPFと尿素SCRシステムを併用している。トランスミッションは全車が6速AT（アリソン製）に統一されている。これは小排気量エンジンゆえの低速トルク不足をカバーし，運転操作性の向上，メンテナンスコストの低減などをねらったもの。このATはシフトマップが3種類用意され，路線環境などに応じて選択できる。また冷房装置は標準がデンソー製，オプションで三菱重工製を設定する。全車が平成27年度重量車燃費基準を達成するが，燃費および排出ガス規制記号はエンジンアイドリングストップ装置（ISS）の仕様により異なり，自動戻り装置付ISS装備が燃費4.38km/ℓで2PG-，手動切替式ISS装備が燃費4.16km/ℓで2KG-となる（燃費値はJH25モードの場合）。

装備面では反転式の車椅子用スロープ板を標準採用（国産車初），運転席周りでは吊り下げ式アクセルペダルを採用し，微妙な操作を可能にするとともに運転疲労の軽減につなげている。このほかアクセルの踏み過ぎを検知して加速を抑制し燃費低減を図るECOモードや，加速時などにエアコンのコンプレッサーを一時停

三菱ふそうエアロスターノンステップ　長尺車
2PG-MP38FM（ジェイアールバス東北，AN）

Mitsubishi Fuso Aero Star: The city bus is the second generation of Aero Star which had been introduced in 1996. The first mass produced low floor bus in Japan was added to the line-up in 1997, but the low floor has been to low entry since then. The model received extensive revisions in 2014, with the wheelbase being lengthened on the low entry variant for wider low floor space. Since 2011, the model has been powered by 7.5 liter L6 engine combined with Alison's 6-speed AT. When the model passed 2016 emission regulations in 2017, two-step variant for private was discontinued. Variants offered are low entry (2 wheelbase variants) and one-step (3 wheelbase variants). Emergency Driving Stop System (EDSS) was added in 2019. Front door variantfor transfer and private use based on the one-step model has been added in 2021. (refer to page 55)

三菱ふそうエアロスターノンステップ 短尺車　2PG-MP38FK（京浜急行バス，Md）

止するエアコンECOスイッチなどを備える。また安全装備としてサイドビューカメラ＆液晶モニターを標準装備する。テール／ストップランプおよびオプションの増灯ストップランプはLEDを採用する。

　2019年に標準装備されたドライバー異常時対応システムEDSSは，非常時に点滅する車内のLED灯を天井2カ所・右側2カ所・左側1カ所の計5カ所に設置し，視認性を高めているのが特徴だが，2022年12月の改良では非常ボタン操作のタイミングから強制的にアクセルオフになるとともに，非常停止後も警報および車内の緊急放送を継続する機能とした。このほかオートライトを標準装備，自動車騒音規制フェーズ2に対応した。

【販売価格例＝エアロスターノンステップ・K尺都市型：3,225万1,000円，ワンステップ・M尺：2,751万8,000円】

### エアロスター型式一覧（＊はアイドリングストップシステム自動戻り装置付）

| ホイールベース | 4,995mm | 5,550mm | |
|---|---|---|---|
| ノンステップ（＊） | 2PG-MP38FK | 2PG-MP38FM | |
| ノンステップ | 2KG-MP38FK | 2KG-MP38FM | |

| ホイールベース | 4,800mm | 5,300mm | 6,000mm |
|---|---|---|---|
| ワンステップ（＊） | 2PG-MP35FK | 2PG-MP35FM | 2PG-MP35FP |
| ワンステップ | 2KG-MP35FK | 2KG-MP35FM | 2KG-MP35FP |

### 三菱ふそうエアロスターの略歴（2010年以降）

| 2010.5 | 平成21年規制適合車発売，全車AT化《LKG-》 |
|---|---|
| 2012.4 | 新保安基準・新ワンマンバス構造要件に適合および各部改良《QKG-，ツーステップ自家用の補助席付仕様はQDG-》 |
| 2014.5 | マイナーチェンジ，フロントスタイル一新，各部改良．ノンステップバスはホイールベース延長《QKG-》 |
| 2016.2 | 2015年ノンステップバス標準仕様に認定 |
| 2017.10 | 平成28年規制に適合《2PG-，2KG-》，自家用ツーステップ中止 |
| 2019.9 | EDSS，LEDテールランプ装備，高度OBDに対応 |
| 2021.5 | ワンステップ前扉仕様を追加 |
| 2021.9 | 前扉インターロック装備など安全性を強化 |
| 2022.12 | EDSSの機能向上ほか改良 |

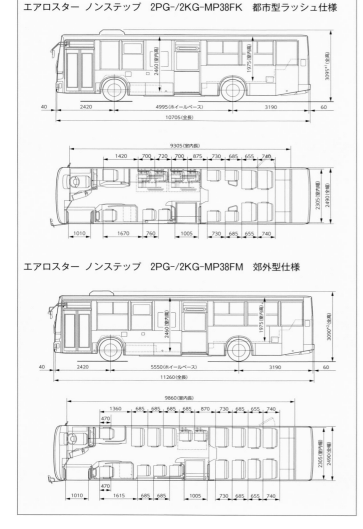

エアロスター ノンステップ　2PG-/2KG-MP38FK　都市型ラッシュ仕様

エアロスター ノンステップ　2PG-/2KG-MP38FM　郊外型仕様

### ■諸元表

| 車　名 | 三菱ふそうエアロスター | | |
|---|---|---|---|
| 型　式 | 2PG-MP38FK | 2PG-MP38FM | 2PG-MP35FP |
| 床形状・仕様 | ノンステップ都市型 | ノンステップ郊外型 | ワンステップ都市型 |
| 扉位置 | 前中扉 | | 前中扉（4枚折戸） |
| 乗車定員　　　　（人） | 78 | 80 | 86 |
| 全　長　　　　　（mm） | 10,705 | 11,260 | 11,450 |
| 全　幅　　　　　（mm） | 2,490 | 2,490 | 2,490 |
| 全　高　　　　　（mm） | 3,120 | 3,115 | 3,125 |
| ホイールベース　（mm） | 4,995 | 5,550 | 6,000 |
| トレッド（前／後）（mm） | 2,065/1,815 | 2,065/1,815 | 2,065/1,815 |
| 最低地上高　　　（mm） | 135 | 135 | 165 |
| 室内寸法（長）　（mm） | 9,305 | 9,860 | 10,050 |
| 〃　（幅）　（mm） | 2,305 | 2,305 | 2,305 |
| 〃　（高）　（mm） | 2,460 | 2,460 | 2,270 |
| 車両重量　　　　（kg） | 10,460 | 10,730 | 10,140 |
| 車両総重量　　　（kg） | 14,750 | 15,130 | 14,870 |
| 最小回転半径　　（m） | 8.3 | 9.2 | 9.8 |
| エンジン仕様 | 直6・TI付 | | |
| エンジン型式 | 6M60(T6) | | |
| 総排気量　　　　（cc） | 7,545 | | |
| 最高出力　（kW/rpm） | 199(270PS)/2,500 | | |
| 最大トルク（N・m/rpm） | 785(80kgf・m)/1,100〜2,400 | | |
| 変速比　①/② | 3.487/1.864 | | |
| ③/④ | 1.409/1.000 | | |
| ⑤/⑥ | 0.750/0.652（以上AT標準） | | |
| 終減速比 | 6.166 | | |
| JH25モード燃費（km/ℓ） | 4.38 | | |
| ステアリング型式 | インテグラル式パワーステアリング付 | | |
| サスペンション型式（前） | 車軸式空気ばね | | |
| 〃　　　　　（後） | 車軸式空気ばね | | |
| 主ブレーキ | 空気油圧複合式 | | |
| 補助ブレーキ | 排気ブレーキ，パワータードブレーキ | | |
| タイヤサイズ | 275/70R22.5 148/145J | | |
| 燃料タンク容量　　（ℓ） | 155 | 155 | 160 |

日野ブルーリボンハイブリッド 長尺車　2SG-HL2ASBP（北海道中央バス／千歳市，Nk）

　日野のハイブリッドバスは1991年暮から営業運行を開始，その後市販化されたパラレル式のディーゼル—電気ハイブリッドバスHIMR（ハイエムアール）がルーツで，以来エンジンのダウンサイジング，バッテリーの変更（鉛→ニッケル水素），制御系の改良，ボデーの低床化などを図りながら進化を続けてきた。2005年にはノンステップ化に際して名称をHIMRからハイブリッドに変更した。

　現在のブルーリボンハイブリッドは2015年12月にボデー，シャーシー，ハイブリッドシステムとも一新し，型式名はHLとなった。ボデースタイルは同年フルモデルチェンジしたブルーリボン（ディーゼル車KV＝いすゞエルガの統合モデル）と共通化するとともに，屋根上のバッテリーを小型化して全高を低減。またハイブリッドシステムは，走行中は常時エンジンとモーターを併用した先代に対し，発進時はモーター駆動のみとなり，モーターの負担比率を高めて燃費を向上している。エンジンはそれまでの直6から直4に換装するとともにモーターを高出力化，さらにエンジン～モーター間にクラッチを備え，発進時・減速時にはクラッチを切ることでモーターの負荷を減らし高効率な回生を実現している。またトランスミッションは日野製の6速AMT"Pro Shift"を搭載し，ドライバーの運転スキルを問わず適切な変速・回生を行うことで好燃費につなげている。

　現行モデルは2017年に発売された平成28年排出ガス規制適合車で，排気量5.1ℓ，最高出力191kW（260PS）の日野製A05C-K1型エンジンを搭載，平成27年度燃費基準＋15％を達成している。このモデルは2018年にいすゞエルガハイブリッドとしても発売され，エルガハイブリッドの2代目にあたる。初代のエルガハイブリッドは初代エル

Hino Blue Ribbon Hybrid/Isuzu Erga Hybrid: Pre-sale units of Hino's hybrid buses started operations around the nation in December of 1991 as the "world's first hybrid vehicles on the market". Since then, the parallel type has undergone many revisions utilizing components of the small-size hybrid passenger cars manufactured by their parent company Toyota. The present model introduced in 2015 shares the common body with their diesel engine counterparts (KV290), and utilize the hybrid system with much higher ratio of motor operations. The engine is 4 cylinderwith the output of 191kW, while the drive battery is nickel metal hydride battery. The model has also been offered as Isuzu Erga Hybrid since 2018.

いすゞエルガハイブリッド
短尺車　2SG-HL2ANBD
（神姫バス）

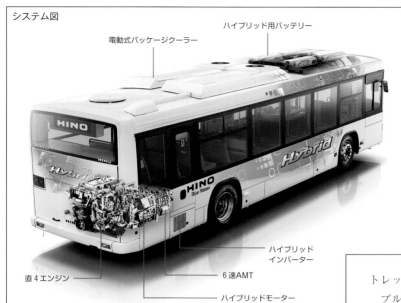

システム図

電動式パッケージクーラー
ハイブリッド用バッテリー
HINO Hybrid
Blue Ribbon

直4エンジン
ハイブリッドモーター
6速AMT
ハイブリッドインバーター

いすゞエルガハイブリッド　短尺・ラッシュ型の車内例（関東鉄道）

ガノンステップをベースにイートン製ハイブリッドシステムを組み込んだ独自開発のパラレルハイブリッド車であったが，２代目はブルーリボンハイブリッドと共通化された。なお両車種とも2020年にドライバー異常時対応システムEDSSを標準装備，また2023年9月の改良で自動検知型EDSS，オートライト，客室の換気用エアアウ

トレットグリルなどを装備した。

ブルーリボンハイブリッド／エルガハイブリッドとも内外装・装備や足回りなどはディーゼル車（KV/LV）に準じるが，搭載システムの関係でリヤオーバーハングはKV/LVよりも125mm長く，冷房機器はハイブリッド用バッテリーからの電力でコンプレッサーを駆動する電動式パッケージクーラー（デンソー製）を搭載する。またメータークラスターもハイブリッド専用のものを装備する。

【販売価格例＝ブルーリボンハイブリッド・N尺都市型：3,349万5,000円】

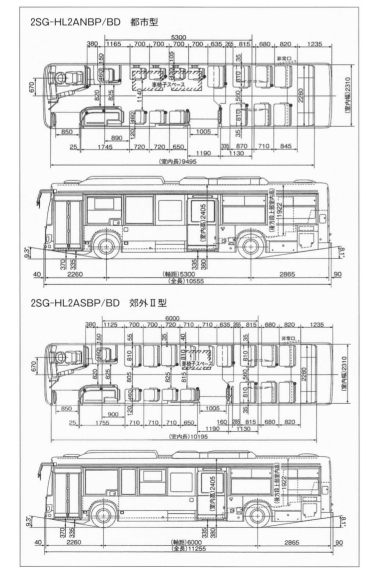

2SG-HL2ANBP/BD　都市型

2SG-HL2ASBP/BD　郊外Ⅱ型

### ブルーリボンハイブリッド／エルガハイブリッドの変遷

| | |
|---|---|
| 2015.12 | ブルーリボンシティハイブリッドをフルモデルチェンジして発売《QSG-》 |
| 2017.8 | 平成28年規制に適合《2SG-》 |
| 2018.4 | 統合モデルのいすゞエルガハイブリッド発売 |
| 2019.6 | 高度OBDに対応 |
| 2020.6 | EDSSを標準装備 |
| 2023.9 | 自動検知式EDSS，エアアウトレットグリルなど装備 |

### ■諸元表

| 車　名 | | ブルーリボンハイブリッド／エルガハイブリッド | |
|---|---|---|---|
| 型　式 | | 2SG-HL2ANBP/BD | 2SG-HL2ASBP/BD |
| 床形状 | | ノンステップ | |
| 扉位置 | | 前中扉 | |
| 乗車定員 | （人） | 79 | 87 |
| 全　長 | (mm) | 10,555 | 11,255 |
| 全　幅 | (mm) | 2,485 | 2,485 |
| 全　高 | (mm) | 3,105 | 3,105 |
| ホイールベース | (mm) | 5,300 | 6,000 |
| トレッド（前／後） | (mm) | 2,065/1,820 | 2,065/1,820 |
| 最低地上高 | (mm) | 130 | 130 |
| 室内寸法（長） | (mm) | 9,495 | 10,195 |
| 〃　（幅） | (mm) | 2,310 | 2,310 |
| 〃　（高） | (mm) | 2,405 | 2,405 |
| 車両重量 | (kg) | 10,190 | 10,420 |
| 車両総重量 | (kg) | 14,535 | 15,205 |
| 最小回転半径 | (m) | 8.3 | 9.3 |
| エンジン仕様／電動機仕様 | | 直4・TI付／交流同期電動機・90kW | |
| エンジン型式 | | A05C-K1 | |
| 総排気量 | (cc) | 5,123 | |
| 最高出力 | (kW/rpm) | 191(260PS)/2,300 | |
| 最大トルク | (N・m/rpm) | 882(90kgf・m)/1,400 | |
| 変速比　①/②/③ | | 6.515/4.224/2.441 | |
| 　　　　④/⑤/⑥ | | 1.473/1.000/0.702（以上AMT標準） | |
| 終減速比 | | 5.857 | |
| ハイブリッド用バッテリー | | ニッケル水素　6.5Ah | |
| JH25モード燃費値(km/ℓ) | | 5.38 | |
| サスペンション型式（前後共） | | 車軸式空気ばね | |
| 主ブレーキ | | 空気式 | |
| 補助ブレーキ | | エンジンリターダ，ハイブリッドリターダ | |
| タイヤサイズ | | 275/70R22.5 148/145J | |
| 燃料タンク容量（ℓ） | | 160 | |

# アルファバス ECITY

アルファバス ECITY L10（しずてつジャストライン）

　アルファバスは中国・江蘇省に本社を置くバスメーカーで，1996年のトヨタコースターの中国市場導入を皮切りにバス事業に参入，2000年代にはスペインのバスビルダーINDCARやIVECOからボデー技術を，日野自動車からシャーシー技術を学ぶなどして技術を磨き，さらにスカニアと技術協力関係を確立した。現在では年間約1,000台の電気バスを生産し中国市場のほかEUなどに輸出する。

　日本ではアルファバス，加賀電子グループで電子機器販売のエクセル，バスボデー整備のヴィ・クルーの3社合弁によるアルファバスジャパンが2020年から電気バスを市場展開する。日本向けの最初の製品は大型ノンステップバス・ECITY L10で，国内シティバスの主力サイズである全長10.5m・全幅2.5mのアルミ製ボデーを架装，当初から日本の道路運送車両法保安基準に適合するとともに，ワンマンバス構造要件をすべて満たしており，定員例は76人（うち客席数23）である。駆動系は最大出力210kWのモーターを搭載，296kWhの三元系リチウムイオンバッテリーにより一充電当たりの航続距離は約240km，充電方式はCHAdeMOである。

　2023年12月にはコミュニティバスなどに適した全長6.09m・全幅2.08mの小型ノンステップバス・ECITY L6を発表・発売した。定員例は29人（うち客席数10）または25人（同14）で，最大出力120kWのモーターを搭載，バッテリー容量は105kWhで一充電当たりの航続距離は約200kmである。

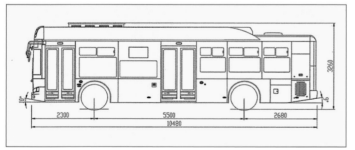

↑ECITY L10　側面図　↓ECITY L6

■諸元表

| 車　　名 | | ECITY L10 | ECITY L6 |
|---|---|---|---|
| 仕　　様 | | 10.5mノンステップ | 6mノンステップ |
| 型　　式 | | YS6105GBEVA | YS6616GBEVN |
| 乗車定員 | （人） | 72 | 29 |
| 全　　長 | （mm） | 10,480 | 6,090 |
| 全　　幅 | （mm） | 2,485 | 2,080 |
| 全　　高 | （mm） | 3,260 | 2,980 |
| ホイールベース | （mm） | 5,500 | 4,260 |
| トレッド（前／後） | （mm） | 2,085/1,855 | 1,741/1,727 |
| 車両重量 | （kg） | 11,550 | 4,700 |
| 車両総重量 | （kg） | 15,510 | 6,295 |
| 最小回転半径 | （m） | 10.5 | 8.2 |
| 充電規格 | | CHAdeMO 準拠 | |
| モーター定格出力 | （kW） | 117 | 76 |
| モーター最高出力 | （kW） | 152 | 120 |
| 最大トルク | （N・m） | 2,700 | 355 |
| 駆動用バッテリー | | リチウムイオン | |
| 駆動用バッテリー容量 | （kWh） | 296 | 105 |
| 一充電航続距離 | （km） | 240 | 200 |
| 最高速度 | （km/h） | 70 | 70 |
| サスペンション型式 | （前） | 独立懸架式空気ばね | |
| 〃 | （後） | 車軸式空気ばね | |
| 主ブレーキ | | 空気式　前後ディスク | |
| 補助ブレーキ | | 回生 | |
| タイヤサイズ（前後共） | | 275/70R22.5 | 235/75R17.5 |

カルサンe-JEST 右ハンドル仕様
（国内市販車とは一部仕様が異なる）

Page 42 Alfabus Ecity: Since 2020, electric buses of Alfabus manufactured in China are being offered on the Japanese bus market by Alfabus Japan established by Alfabus, electronic component seller Excel, and bus maintenance company Vi-Crew, delivering the 10.5m long ECity L10 which had been developed to meet the demands of Japanese bus operators nationwide. Driving range per charge is 240km. Ecity L6 with overall length of 6.09m and overall width of 2.08m which is fit for community bus operations was introduced in December of 2023. Driving range per charge is 200km.

カルサンe-JESTはトルコのバスメーカー，カルサンが製造する全長5.9mの小型電気バスである。ベースモデルは2013年に発表され，世界各地で7,700台以上が販売されたディーゼル車のJESTである。EV版のe-JESTは2018年11月に発売され，現在約22カ国で1,000台以上が稼働する。

日本では産業機械・機器商社のアルテックによりe-JEST 日本仕様の発売が計画され，2022年11月，バステクin首都圏への左ハンドル仕様の参考出品を経て，2023年12月20日に発売された。全長5.9m・全幅2.08m・全高2.8mで，定員は22〜23人（うち客席数12。フリースペースの折り畳み式2席を含む）。床面形状は乗降口周辺がノンステップで，床面地上高は270mm。標準仕様で1枚式の乗降口スライドドア，軽油燃焼式プレヒーター付暖房装置などを装備，運賃機は乗降口脇に設置でき各種キャッシュレスに対応する一水製の小型機をオプション設定する。

モーターはBMW製で最高出力135kW，駆動用のリチウムイオンバッテリーもBMW製で，容量88kWhが標準。一充電当たりの航続距離は約210kmである。足回りには4輪独立懸架および4輪ディスクブレーキを採用する。制動力を前後輪・左右輪に制御配分するEBD，モーターのトルクを制御しスリップを抑制するDTC，トラクションコントロールなど各種安全装備を備える。

なお当面の販売エリアは関東全域および甲信越が対象で，メンテナンスはジェイアールバス関東がサポートする。

【販売価格例＝4,300万円】

Karsan e-JUST: Karsan e-JUST is the small-sized electric bus manufactured by Karsan of Turkey introduced in 2018 with more than 1,000 units being operated in 22 countries worldwide. In Japan, machinery trade company Altech began to import and sell the model in December of 2023. With the overall length of 5.9m and overall width of 2.08m, passenger capacity is 23. Equipped with the motor and battery manufactured by BMW, driving range is 210km per charge. They say that it is the perfect replacement for small-size buses with passenger capacity of approximately 14 which are often being used as community buses on the Japanese market. Maintenance is being supported by JR Bus Kanto.

カルサンe-JEST　日本仕様　二面図

1,200 mm
（ドア開口部）
5,900mm
2,800 mm

■諸元表

| 車　名 | | カルサンe-JEST |
|---|---|---|
| 仕　様 | | ノンステップ |
| 乗車定員 | （人） | 23 |
| 全　長 | （mm） | 5,900 |
| 全　幅 | （mm） | 2,080 |
| 全　高 | （mm） | 2,800 |
| ホイールベース | （mm） | 3,750 |
| トレッド | （mm） | 1,810 |
| 車両総重量 | （kg） | 5,000 |
| 最小回転半径 | （m） | 7.0 |
| 最高速度 | （km/h） | 70 |
| 充電規格 | | CHAdeMO |
| モーター最高出力 | （kW） | 135 |
| 最大トルク | （N·m） | 290 |
| 駆動用バッテリー | | リチウムイオン 88kWh |
| 一充電航続距離 | （km） | 210 |
| サスペンション型式 | （前） | 独立懸架式　マクファーソンコイル |
| サスペンション型式 | （後） | 独立懸架式　トレーリングアーム |
| 主ブレーキ | | 油圧式　前後ディスク |
| 補助ブレーキ | | 回生 |
| タイヤサイズ（前後共） | | 215/75R 16C |

EVM-J F8シリーズ2（富士急バス，Sk）

EVモーターズ・ジャパン（EVM-J）は2019年，バッテリーや充放電技術に経験の長い技術者が創業したEVメーカーで，バス，配送用トラックなど商用EVの製品化を進めている。これらの特徴はモーター制御システムのアクティブ・インバーター，電池の劣化予測・出力最適化制御を行うバッテリーマネジメントユニット（BMU）など独自技術を採用することで，世界最高レベルの低電力化とバッテリーの長寿命化を実現，さらに中国の車両メーカーとの共同開発を行うとともにEU製パーツの採用などにより性能＋コスト優位性を謳う。現在，2024年操業開始を目指して北九州市内にテストコースなどを併設するEV組立工場を建設中である。

現在販売中の電気バスは3車型ある。①F8シリーズ4：2021年に発売された全長7m・全幅2mクラスの小型ノンステップバス。

EV Motors Japan F8 Series: EV Motors Japan is a startup company of electric commercial vehicles undertaken by the experts of battery as well as charging and discharging technologies, and have been offering buses since 2021. The models designed in Japan and being manufactured in China can be characterized by the active inverter utilizing their charging and discharging technology to prolong battery life and to realize long operational mileage, as well as the body utilizing stainless structure and carbon panels for both lighter weight and longevity. At the present, the 7m small-size bus F8 Series 4, the 10.5m large-size bus F8 Series 2, and the 8.8m sightseeing bus F8 Series 6 have been introduced.

EVM-J F8シリーズ6　8.8mハイデッカー

2扉仕様の定員は29人（うち客席13），最高出力135kWのモーターと，日本の技術で量産化を進めたCATL製リチウムイオンバッテリー（114kWh）を搭載，一充電当たりの航続距離は約290kmである。ボデーはステンレス角パイプの骨格にカーボン・コンポジット・マテリアルの外板を組み合わせ，軽量かつ20年超の耐用年数を想定する。空調機器にはデンソー製。②F8シリーズ2：2022年夏に発表された全長10.45m，ホイールベース5.5mの大型ノンステップバスで，最高出力240kWのモーターと210kWhのリチウムイオンバッテリーを搭載し，一充電当たりの航続距離は約280kmである。ボデー素材は7m車と同等である。③F8シリーズ6：2022年秋に発表された大型車幅・全長8.86mのハイデッカー観光バス。同等クラスの国産9m観光車（ディーゼル）に対しては若干全長が短い。210kWhのチタン酸リチウムイオンバッテリーを搭載し最高速度100km/h，一充電当たりの航続距離は約280km。

■諸元表

| 車　　名 | | F8シリーズ2 | F8シリーズ4 | F8シリーズ6 |
|---|---|---|---|---|
| 仕　　様 | | 10.5mノンステップ | 7mノンステップ | 8.8mハイデッカー |
| 乗車定員 | (人) | 77 | 29 | 35 |
| 全　　長 | (mm) | 10,450 | 6,990 | 8,850 |
| 全　　幅 | (mm) | 2,490 | 2,105 | 2,490 |
| 全　　高 | (mm) | 3,300 | 3,100 | 3,450 |
| ホイールベース | (mm) | 5,500 | 4,800 | 4,500 |
| トレッド(前／後) | (mm) | 2,000/1,910 | 1,694/1,634 | 2,052/1,875 |
| 車両重量 | (kg) | 10,690 | 5,670 | 8,975 |
| 車両総重量 | (kg) | 14,925 | 7,265 | 10,900 |
| 最小回転半径 | (m) | 8.4 | 7.7 | 7.6 |
| 最高速度 | (km/h) | 80- | 80- | 100 |
| 充電規格 | | CHAdeMO 準拠 | | |
| モーター定格出力 | (kW) | 120 | 60 | |
| モーター最高出力 | (kW) | 240 | 135 | |
| 駆動用バッテリー | | リチウムイオン | | |
| 駆動用バッテリー容量(kWh) | | 210 | 114 | 210 |
| 一充電航続距離 | (km) | 280 | 290 | 280 |
| サスペンション | (前) | 空気ばね | | |
| 〃 | (後) | 空気ばね | | |
| 補助ブレーキ | | 回生 | | |
| タイヤサイズ(前後共) | | 285/70R19.5 | 215/75R17.5 | |

オノエンスターEV
9m車
航続距離延長仕様

オノエンスターEVは自動車輸入販売・整備，貸切バス事業などを展開するオノエンジニアリングが2020年に発売した，中国・ヤーシン（揚州亜星）製の電気シティバスで，2021年からはオノエンジニアリング子会社のアジアスターモーターコーチ（通称アジアスタージャパン）が販売する。これらは2016年に国内発売されたヤーシン製の大型車幅・全長8m観光車（ディーゼル）に続くオノエンスターの第2弾で，全長10.5mの大型ノンステップバス，大型車幅・全長9mのミディサイズのノンステップバス，全長7mの小型ノンステップバスの3種類をラインアップする。このうち7m車は他社の同クラスよりも全幅の広い2.26mで居住性に優れる。

モーターの最高出力は10.5m車が215kW，9m車と7m車は155kW。また駆動用バッテリーはリチウムイオンで，世界的なバッテリーサプライヤーの一つである中国CATL製である。一充電当たりの航続距離は10.5m車が約300km，9m車と7m車は各々約200kmだが，2023年には9m車のルーフに容量284kWhのバッテリーを搭載し，航続距離を延長したモデルが追加された。このほかボデー仕様や装備品などはニーズに応じて様々なカスタマイズが可能である。また埼玉県のイーグルバスでは，オノエンジニアリングが輸入・二次架装したアジアスターEVのボンネットタイプスクールバス（ワンステップ）を川越市内の観光路線で使用している。

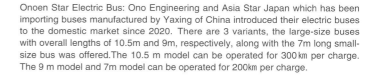

7m車（ときがわ町／イーグルバス）

10.5m車

Onoen Star Electric Bus: Ono Engineering and Asia Star Japan which has been importing buses manufactured by Yaxing of China introduced their electric buses to the domestic market since 2020. There are 3 variants, the large-size buses with overall lengths of 10.5m and 9m, respectively, along with the 7m long small-size bus was offered.The 10.5 m model can be operated for 300 km per charge. The 9 m model and 7m model can be operated for 200km per charge.

■諸元表

| 車　名 | | オノエンスターEV | | |
|---|---|---|---|---|
| 仕　様 | | 10.5mノンステップ | 9mノンステップ | 7mノンステップ |
| 型　式 | | JS6108GHBEV | JS6851GHBEV | JS6690GHBEV |
| 乗車定員 | （人） | 81 | 57 | 37 |
| 全　長 | （mm） | 10,500 | 8,990 | 6,990 |
| 全　幅 | （mm） | 2,500 | 2,460 | 2,260 |
| 全　高 | （mm） | 3,210 | 3,200 | 3,040 |
| ホイールベース | （mm） | 5,950 | 4,670 | 4,200 |
| 車両重量 | （kg） | 10,750 | 8,900 | 6,130 |
| 車両総重量 | （kg） | 15,205 | 12,035 | 8,165 |
| 充電規格（標準仕様） | | GB/T | | |
| モーター最高出力 | （kW） | 215 | 155 | 155 |
| 最大トルク | （N·m） | 2,300 | 1,800 | 1,650 |
| 駆動用バッテリー | | リチウムイオン | | |
| 駆動用バッテリー容量 | （kWh） | 242 | 163 | 95 |
| 一充電航続距離 | （km） | 300 | 200 | 200 |
| 最高速度 | （km/h） | 80 | 80 | 80 |
| サスペンション型式 | （前） | 独立懸架式空気ばね | | |
| 〃 | （後） | 車軸式空気ばね | | |
| 主ブレーキ | | 空気式 前後ディスク | | |
| 補助ブレーキ | | 回生 | | |
| タイヤサイズ（前後共） | | 275/70R22.5 | 275/70R22.5 | 215/75R17.5 |

BYD J6 & K8: BYD has been offering buses on the Japanese market since 2015, and have delivered large, medium, and small-size buses as well as high decker sightseeing buses. At the end of 2023, J6 with overall length of 7m and K8 with overall length of 10.5m, both models developed for Japan, were revised into blade battery equipped J6 2.0 and K8 2.0, respectively. Of these models, K8 2.0 is the first electric bus in Japan with completely flat floor.

BYD K8 2.0（下図共）

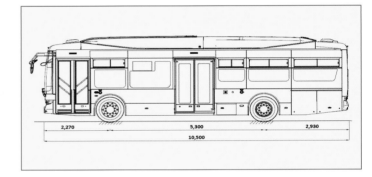

　BYDは中国の電気自動車並びに充電池のメーカーで，現在は世界200都市に5万台を超える電気バスを出荷している。搭載する駆動用バッテリーは同社製リン酸鉄リチウムイオン電池で，長寿命や優れた安全性を謳う。

　日本では2015年にBYDジャパンにより市場展開が始まり，全長12mの大型シティバス・K9を端緒に，全長9mのシティバス・K7RA，日本向けに開発された全長7m・全幅2.08mの小型バス・J6，同じく全長10.5mの大型シティバス・K8，電気バスでは国内初の観光用12mハイデッカー・C9が販売された。このうち主力のJ6とK8は，7mと10.5mの各々のクラスで国内トップシェアを獲得している。充電方式はいずれもCHAdeMOに対応する。

　J6，K8とも2023年末に新型の2.0にモデルチェンジして納車を開始した。両車ともスペース効率や安全性に優れる「ブレードバッテリー」を搭載し，J6 2.0は一充電当たりの航続距離210km，定員は先代比＋5人の36人である。またK8 2.0は床面のフルフラット化を図るとともに定員は先代と同じ81人を得ており，一充電当たりの航続距離は240kmである。

　なおBYDジャパンは2023年秋，ブレードバッテリーを搭載した床面フルフラットの中型シティバス・J7（同250km）を，2024年1月に受注開始することを発表した。

BYD J6 2.0（上図共）

■諸元表

| 車　　　名 | | J6 2.0 | K8 2.0 |
|---|---|---|---|
| 仕様・扉位置 | | 都市型・前中扉 | 都市型・前中扉 |
| 乗車定員 | （人） | 36 | 81 |
| 全　　　長 | （mm） | 6,990 | 10,500 |
| 全　　　幅 | （mm） | 2,080 | 2,495 |
| 全　　　高 | （mm） | 3,060 | 3,270 |
| ホイールベース | （mm） | 4,760 | 5,300 |
| トレッド(前／後) | （mm） | 1,752/1,598 | 2,103/1,856 |
| 車両重量 | （kg） | 6,400 | 11,800 |
| 車両総重量 | （kg） | 8,380 | 16,255 |
| 最小回転半径 | （m） | 7.9 | 8.3 |
| モーター仕様 | | 永久磁石同期電動機 | |
| 最高出力 | （kW/rpm） | 140 | 100×2 |
| 最大トルク | （N·m/rpm） | 360 | 430×2 |
| 駆動用バッテリー | | BYD製リン酸鉄リチウムイオン | |
| バッテリー容量 | （kWh） | 138.3 | 314 |
| 充電方式 | | CHAdeMO | CHAdeMO |
| 一充電最高航続距離 | （km） | 210 | 240 |
| 最高速度 | （km/h） | 70 | 70 |
| タイヤサイズ | | 215/70R17.5 | 275/70R22.5 |

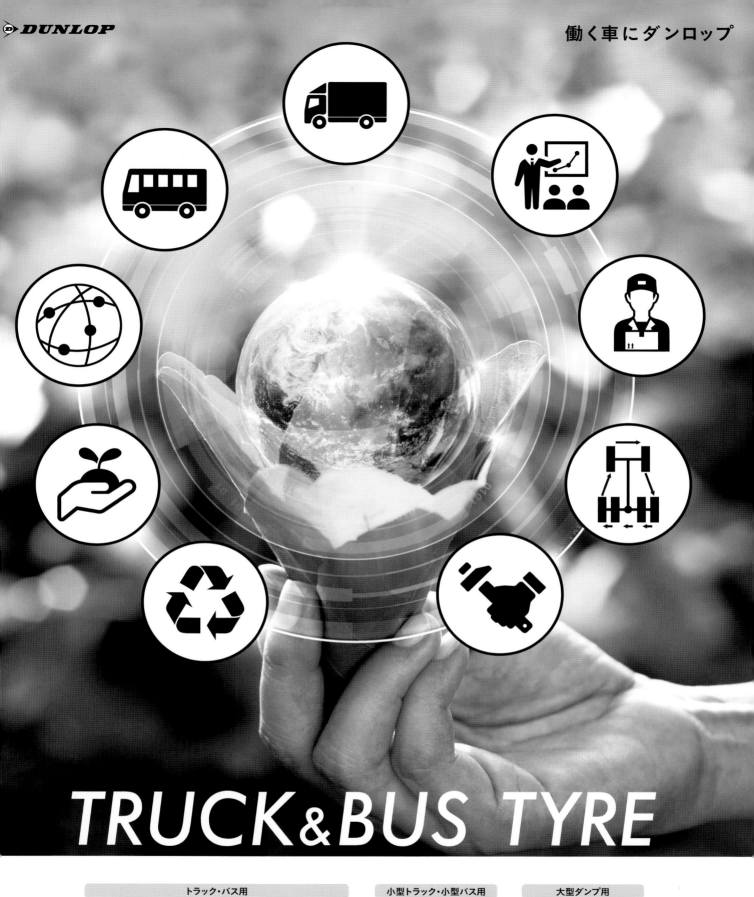

# TRUCK&BUS TYRE

| トラック・バス用 | | 小型トラック・小型バス用 | 大型ダンプ用 |
|---|---|---|---|

**DECTES**
DUNLOP Energy Control Technologies
**SP680**

低燃費タイプ※

エナセーブ
***SP 688 Ace***

低燃費タイプ※

エナセーブ
***SP LT50 M***

NEW

**DECTES**
DUNLOP Energy Control Technologies
**SP541**

※転がり抵抗低減による低燃費です。詳しくはダンロップタイヤカタログをご覧ください。

# トヨタSORA

トヨタSORA　ZBC-MUM1NAE（神戸市交通局，Sk）

トヨタSORAはトヨタ自動車が2018年３月に発売した水素燃料電池（以下FC）バスである。

トヨタでは長年にわたり，水素の電気化学反応により発電しモーター駆動するFC車の研究・開発を進めるとともに，小型車と並行して，日野自動車と共同で大型バスでの実用化も進めてきた。2001年に最初のFCバス・FCHV-Bus1を発表，翌年には発展型のFCHV-Bus2が公道試験走行を開始，さらに改良されたFCHV-BUSが2005〜2013年にかけて愛知万博シャトルバス，市街地路線・空港連絡路線などで実証運行された。2015年にはそれらの実績を基に開発された先行市販モデルTFCBが営業運行を開始した。

SORAはTFCBをベースに使い勝手や耐久信頼性を高めるとともに，デザインも一新，FCバスでは初めて型式認定を得た。心臓部であるFCスタックはFC乗用車MIRAI（初代）用と同じ最高出力114

Toyota Sora：Sora is the first genuine fuel cell bus offered on the market which was introduced in 2018 after approximately 20 years of Toyota's development and experimental operations of the fuel cell bus. The model is equipped with 2 FC stacks（114kW）which are used on the fuel cell passenger automobile Mirai which drives the Twin 113kW motors. The body is based on the Blue Ribbon Hybrid which had been manufactured by their subsidiary Hino until 2015, but the wheelbase has been extended and rear overhang shortened to improve on board comfortability. Exterior has been completely changed to achieve an original design, and has a swing out middle door which is a first for the domestic bus.

kWを２個搭載，113kWモーター２個を駆動する。駆動用のバッテリーはハイブリッド車と同じくニッケル水素を搭載する。一方ボディーは2015年まで販売された日野ブルーリボンシティハイブリッドをベースに，ホイールベースを500mm延長，リヤオーバーハングを500mm短縮し，ノンステップフロアを拡大するとともに，車椅子利用者やベビーカーに対応する横向き・跳ね上げ式のジャンプシートを装備するのも特徴である。また中扉は先代のTFCB同様，外吊り式スイングアウトドアを装備している。2019年８月には装備面の充実を図り，ドライバー異常時対応システムEDSSなどの標準装備のほか，ITSコネクト技術を応用した路車間通信システムDSSS，車群情報提供サービス，電波型PTPS，さらに自動正着制御（オプション）を設定。2022年には強制換気装置を追加した。なお販売方式は６年間のリースを標準としている。

SORAは東京都交通局の73台を筆頭に全国各地に導入され，2022年12月〜2023年11月には27台が新規登録された。なおFCスタックなどのコンポーネントは海外のバスメーカーにも提供され，カエターノなどが商品化を果たしている。

■諸元表

| 車　名 | | トヨタSORA |
|---|---|---|
| 型　式 | | ZBC-MUM1NAE |
| 乗車定員 | （人） | 79（客席22＋立席56＋乗務員１） |
| 全　長 | （mm） | 10,525 |
| 全　幅 | （mm） | 2,490 |
| 全　高 | （mm） | 3,350 |
| ホイールベース | （mm） | 5,300 |
| モーター仕様 | | 交流同期電動機 |
| 〃　最高出力 | （kW） | 113（154PS）× 2 |
| 〃　最大トルク | （N・m/rpm） | 335 × 2 |
| FCスタック | | トヨタFCスタック（固体高分子形） |
| 〃　最高出力 | （kW） | 114（155PS）× 2 |
| 高圧水素タンク本数 | | 10本（公称使用圧力70MPa） |
| 〃　タンク内容積 | （ℓ） | 600 |
| 駆動用バッテリー | | ニッケル水素 |
| 外部電源供給能力 | | 9 kW/235kWh |
| サスペンション型式（前後共） | | 車軸式空気ばね |

ZBC-MUM1NAE

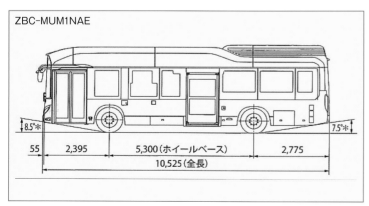

8.5°*　7.5°*
55　2,395　5,300（ホイールベース）　2,775
10,525（全長）

# 連節車　いすゞエルガデュオ／日野ブルーリボンハイブリッド連節バス

日野ブルーリボンハイブリッド連節バス　KX525Z1（東急バス）

　エルガデュオとブルーリボンハイブリッド連節バスは，いすゞと日野の共同開発により2019年に発売された国産連節バスである。2000年代半ば以降，多客路線ではドライバー1人当たりの輸送力増強を図る目的で輸入連節バスの導入が見られるが，国産連節バスはこうしたニーズに対応するもの。製造はジェイ・バス宇都宮工場が担当する。

　ボデーは全長18m・全幅2.5mで，エルガ／ブルーリボンをベースに，フロントに独自のデザインを盛り込んでいる。前車体はフルフラットノンステップ，後車体は扉から後方を2段上げしており，定員は120人である。駆動系はブルーリボンハイブリッドで実績のある日野製パラレル式ハイブリッドシステムを搭載するが，車両重量の増加に対応してエンジンはベース車の4気筒ではなく，大型観光車セレガに準じた6気筒・排気量9ℓのA09C-K1型（265kW）を搭載，日野製7速AMTを組み合わせる。駆動用のニッケル水素バッテリー，90kWモーター（交流同期電動機）はブルーリボンハイブリッド／エルガハイブリッドと共通である。アクスルは3軸ともZF製で，電子制御ブレーキシステムEBSの採用に伴い総輪ディスクブレーキを備える。前後車体は独ヒューブナー製のターンテーブルで結合され，後退時は連節角度に応じてエンジントルクを制限するほか，屈曲角度が過大になり安全性が損なわれそうになった場合は非常ブレーキを作動させる。機動性にも優れ，最小回転半径は9.7mと，エルガ／ブルーリボン長尺車の＋0.4mに抑えられている。なお連節バスは道路運送車両法の保安基準の上限12mを超えているため，運行には基準緩和や道路管理者・警察等の許可が必要だが，本車は国産のため全幅や非常口の設置などは保安基準に適合しており，基準緩和の範囲は輸入車より少なくて済む。これまでの採用台数は2020〜2022年がいすゞ4台・日野16台，2023年は日野7台である。

【販売価格例（税別）＝エルガデュオ：8,780万円，ブルーリボンハイブリッド連節バス：8,800万円】

Isuzu ErgaDuo/Hino Blue Ribbon Hybrid Articulated Bus: The domestic articulated buses introduced in 2019 based on the increase of imported articulated buses in the nation. With the body based on Isuzu LV, the model is equipped with Hino's 9 liter engine and hybrid system. Passenger capacity of a standard layout is 120. It is considered to be effective in combating driver shortages, and combined 20 units of the two models are being operated.

**■諸元表**

| 型　　式 | | いすゞLX525Z1／日野KX525Z1 |
|---|---|---|
| 仕　　様 | | 都市型・全扉乗降式仕様 |
| 乗車定員 | （人） | 客席36＋立席83＋乗務員1＝120 |
| 全　　長 | （mm） | 17,990 |
| 全　　幅 | （mm） | 2,495 |
| 全　　高 | （mm） | 3,260 |
| ホイールベース | （mm） | 5,500/6,350 |
| トレッド | （mm） | 第1軸2,100/第2軸1,835/第3軸1,835 |
| 最低地上高 | （mm） | 135 |
| 室内寸法 | （mm） | 長16,730/幅2,310/高2,405 |
| 車両重量 | （kg） | 18,025 |
| 車両総重量 | （kg） | 24,625 |
| 最小回転半径 | （m） | 9.7 |
| 電動機仕様・出力 | | 交流同期電動機　90kW |
| エンジン仕様 | | 直6・TI付 |
| エンジン型式 | | A09C-K1 |
| 総排気量 | （cc） | 8,866 |
| 最高出力 | （kW/rpm） | 265（360PS）/1,800 |
| 最大トルク | （N・m/rpm） | 1,569（160kgf・m）/1,100〜1,600 |
| 変速比 | ①/②/③/④ | 6.230/4.421/2.452/1.480 |
| 〃 | ⑤/⑥/⑦ | 1.000/0.761/0.595（AMT標準） |
| 終減速比 | | 6.190 |
| ハイブリッド用バッテリー | | ニッケル水素　6.5Ah |
| サスペンション型式 | | 車軸式空気ばね（3軸共） |
| 主ブレーキ | | 空気式・ディスク |
| 補助ブレーキ | | エンジンリターダ＋ハイブリッドリターダ |
| 駐車ブレーキ | | 空気式・車輪制動形 |
| タイヤサイズ（第1・第2軸共） | | 275/70R22.5 148/145J |
| 　　　　　　（第3軸） | | 275/80R22.5 151/148J |
| 燃料タンク容量 | （ℓ） | 250 |

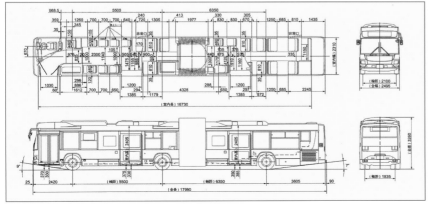

# メルセデス・ベンツ　シターロG

メルセデス・ベンツ　シターロG（西日本鉄道）

　シターロはダイムラーが1997年に発売したシティバスで，世界各地で活躍が見られる。日本には2008年から連節バスのシターロGが輸入され，全幅や後軸重などの規制緩和を受けたうえで，2016年までに5事業者に31台が導入された。日本への輸入にあたっては，ダイムラーグループの三菱ふそうトラック・バスが必要に応じて輸入業務や国内向けの仕様変更などを担当してきたが，2016年10月には右ハンドルのユーロⅥ適合車が正式な商品として三菱ふそうトラック・バスから発売され，2023年末までの累計販売台数は46台である。

　このモデルは2011年にモデルチェンジされたシターロGの第2世代で，外観は躍動的なウインドーグラフィックが特徴である。エンジンの搭載方法を縦置きに変更した関係で，全長は先代の18mから若干延びた18.175mとなった。定員は標準的な119人仕様のほか，シートアレンジにより最大160人まで設定できる。エンジンは排気量10.7ℓのOM470型（265kW）を搭載，フォイト製4速ATを組み合わせる。このほか車両挙動制御装置や連節部ターンテーブル制御などにより，安全な走行を実現している。

　メンテナンスは三菱ふそうのサービスネットワークが対応する。なお運行にあたっては基準緩和申請が必要である。

| 車　名 | | メルセデス・ベンツ　シターロG |
|---|---|---|
| 床形状 | | ノンステップ |
| 全　長 | (mm) | 18,175 |
| 全　幅 | (mm) | 2,550 |
| 全　高 | (mm) | 3,120 |
| ホイールベース | (mm) | 第1～2軸：5,900，第2～3軸：5,990 |
| 車両重量 | (kg) | 16,785 |
| 最小回転半径 | (m) | 9.6 |
| エンジン仕様 | | 直6・TI付 |
| エンジン型式 | | OM470 |
| 総排気量 | (cc) | 10,700 |
| 最高出力 | (kW/rpm) | 265(360PS)/1,800 |
| 最大トルク | (N・m/rpm) | 1,700/1,100 |
| 変速機 | | 4速AT |

⬆⬆シターロG（神奈川中央交通）
⬆諸元表

シターロG　左ハンドル仕様の例

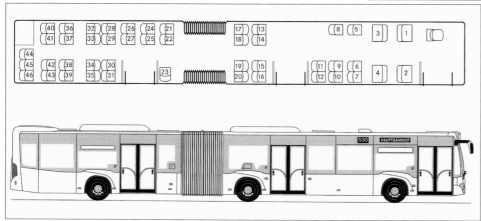

Mercedes Benz Citaro G: 31 units of the previous version of Citaro G articulated buses have been delivered to Japan with the support of Mitsubishi Fuso, a member of the Daimler Group. Starting from October of 2016, the present version has officially been added to the line-up of Mitsubishi Fuso's. The right hand drive model that has passed the Euro VI regulations is powered by OM470 engine with the output of 265kW. To operate the model, it is necessary to deregulate the overall length and width as well as weight per axle, just like the previous model.

日野セレガハイデッカ　2PG-RU1ASDA（伊那バス，Ya）

日野セレガ／いすゞガーラは日野といすゞのバス事業統合により，セレガR（初代セレガの改良型）と初代ガーラのフルモデルチェンジ車として2005年にデビューした。基本的な開発およびエンジン・駆動系・足回りは日野が担当し，いすゞは電子制御サスペンションなど一部を担当した。全車ジェイ・バス小松工場で製造されている。両車種とも12mスーパーハイデッカー（セレガスーパーハイデッカ／ガーラSHD），12mハイデッカー（セレガハイデッカ／ガーラHD），9mハイデッカー（セレガハイデッカショート／ガーラHD-9）の各々3種類で，これらはボデーパーツの共通化などを目的にモジュール設計されている。

2022年春に公表された日野のエンジン認証不正問題で，12m車に搭載される排気量13ℓのE13Cと同9ℓのA09Cの各エンジンがいずれも不正があったことから，セレガ／ガーラとも国の型式指定を取り消され，12m全モデルの販売が中止された。その後2023年にA09Cエンジン搭載車が国交省から型式指定を受けたことに伴い，同年3月に同車の販売・受注を再開した。新たな型式指定に際しては燃費

| 日野セレガ／いすゞガーラの略歴（ハイブリッドを除く，2010年以降） | |
| --- | --- |
| 2010.7 | セレガ，平成21・22年規制適合車に移行（ガーラは8月）《12m車：LKG-，9m車：LDG-／SDG-》 |
| 2012.5 | セレガ12m車，新保安基準適合，8.9ℓエンジン車追加《QPG-/QRG-》．9m車，新保安基準適合（ガーラは6月） |
| 2014.4 | 全車，安全装備を強化．12.9ℓ車が燃費改善《QRG-》（発表はセレガが3月11日，ガーラが同19日） |
| 2015.4 | 8.9ℓエンジン車が排出ガス規制記号を変更《QTG-》 |
| 2017.7 | 平成28年規制に適合，9m車は全車AMT化《12m車：2RG-，2TG-，9m車：2DG-，2KG-》 |
| 2018.6 | 12m車にAMT設定，全車にEDSS標準装備（セレガは6月発表・7月発売，ガーラは7月発表・発売） |
| 2019.6 | 自動検知式EDSS装備，高度OBDに対応 |
| 2022.3 | エンジン認証不正問題で12m全車が販売中止 |
| 2023.3 | 12m車のうちA09Cエンジン搭載車が販売再開《2PG-》 |

性能の評価が変更されており，そのため型式に付される排出ガス規制記号は従来の2TG-（重量車燃費基準＋15％達成）から，2PG-（同＋5％）へと変更された（この変更は使用過程車に対しても，車検の際などに実施される）。これらA09Cエンジン搭載車はハイデッカ

Hino S'elega/Isuzu Gala: The large-size sightseeing bus developed by Hino and introduced in 2005 as the first unified bus models of Hino and Isuzu. Since then, super high decker models with the overall length of 12m, high decker models with overall length of 12m, and high decker models with overall length of 9m had been offered, but due to the illegal engine certification revealed by Hino in 2022, the sales of 12m models had been suspended. Of the 12m high decker models, those powered by the small displacement 9 liter engines were recertified and were again offered on the market, albeit fuel consumption ratings being downgraded. Variants of the 12m model include highway route bus (daytime, overnight, airport), lift-equipped, and economy.

いすゞガーラHD　2PG-RU1ASDJ
（はとバス，Md）

ーのみであるが，E13Cエンジンを搭載するスーパーハイデッカーおよびハイデッカーの高出力仕様は認証の再申請・型式指定・販売再開の目途が立っていない。

　販売再開したA09C-UV型エンジン搭載のハイデッカーは最高出力265kW（360PS）で，トランスミッションは日野製7速AMTまたは7速MTを組み合わせる。基本仕様は貸切用，高速路線用（昼行／夜行），車椅子乗降用リフト付，さらに装備を基本的な内容にとどめた廉価版（セレガリミテッドエディション／ガーラVP）や折戸仕様などがある。安全運転支援システムは歩行者検知機能付衝突被害軽減ブレーキ，自動検知式EDSSなどを装備する。

　一方，12m車中断後も販売を継続した9mハイデッカーは，セレガ／ガーラとも8列の一般観光のほか，1列サロン／2列サロン，車椅子乗降用リフト付などがある。エンジンは直4・排気量5ℓ・191kW（260PS）のA05C〈A5-Ⅲ〉型を搭載，全車が日野製7速AMTを搭載する。GVW12トン未満車は平成27年度燃費基準＋10％を達成している。オプションで電磁式リターダを設定する。
【販売価格例＝ガーラHD・貸切11列・7速AMT：4,378万3,300円，セレガハイデッカーショート・2列サロン観光・7速AMT：3,576万6,500円】

日野セレガハイデッカ 折戸仕様　2PG-RU1ASDA（名鉄バス，Ya）
日野セレガハイデッカショート　2KG-RU2AHDA（北アルプス交通，TM）

### セレガ／ガーラ型式一覧

|  | 日野セレガ | いすゞガーラ |
|---|---|---|
| 12mハイデッカー | 2PG-RU1ASDA | 2PG-RU1ASDJ |
| 9mハイデッカー（GVW12トン以下） | 2KG-RU2AHDA | 2KG-RU2AHDJ |
| 9mハイデッカー（GVW12トン超） | 2DG-RU2AHDA | 2DG-RU2AHDJ |

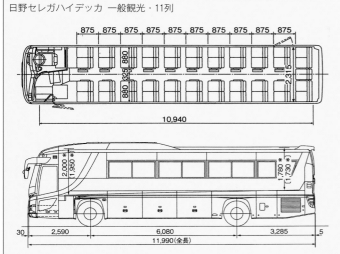

日野セレガハイデッカ 一般観光・11列

875 875 875 875 875 875 875 875 875 875
880 325 880
2,315
10,940
2,000* 1,950*
1,780* 1,730*
30 2,590 6,080 3,285 5
11,990（全長）

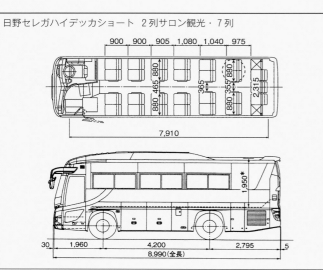

日野セレガハイデッカショート 2列サロン観光・7列

900 900 900 1,080 1,040 975
880 465 880　365　880 355 880
2,315
7,910
1,950*
30 1,960 4,200 2,795 5
8,990（全長）

### ■諸元表

| 車　名 | 日野セレガハイデッカ | | いすゞガーラHD-9 |
|---|---|---|---|
| 型　式 | 2PG-RU1ASDA | | 2KG-RU2AHDJ |
| 仕　様 | 一般観光・11列 | 床下トイレ付夜行高速 | 2列サロン観光 |
| 乗車定員　（人） | 57 | 31 | 29 |
| 全　長　（mm） | 11,990 | | 8,990 |
| 全　幅　（mm） | 2,490 | | 2,490 |
| 全　高　（mm） | 3,500 | | 3,485 |
| ホイールベース（mm） | 6,080 | | 4,200 |
| トレッド（前／後）（mm） | 2,030/1,820 | | 2,040/1,820 |
| 最低地上高　（mm） | 200 | | 185 |
| 室内寸法（長）（mm） | 10,940 | | 7,910 |
| 〃　（幅）（mm） | 2,315 | | 2,315 |
| 〃　（高）（mm） | 2,000〜1,780 | 1,950〜1,730 | 1,950 |
| 車両重量　（kg） | 12,240 | 13,275 | 10,080 |
| 車両総重量　（kg） | 15,375 | 14,980 | 11,675 |
| 最小回転半径　（m） | 8.7 | | 6.3 |
| エンジン仕様 | 直6・TI付 | | 直4・TI付 |
| エンジン型式 | A09C-VK〈AT-Ⅷ〉 | | A05C〈A5-Ⅲ〉 |
| 総排気量　（cc） | 8,866 | | 5,123 |
| 最高出力　（kW/rpm） | 265（360PS）/1,800 | | 191（260PS）/2,300 |
| 最大トルク（N・m/rpm） | 1,569（160kgf・m）/1,100〜1,600 | | 882（90kgf・m）/1,400 |
| 変速機 | 7速MT | 7速AMT | 7速AMT |
| 変速比　①/②/③ | 6.230/4.421/2.452 | | 6.515/4.224/2.441 |
| ④/⑤/⑥ | 1.480/1.000/0.761 | | 1.473/1.000/0.746 |
| ⑦ | 0.595 | | 0.578 |
| 終減速比 | 5.250 | | 5.857 |
| 燃　費　（km/ℓ） | 4.61（JH25） | 4.49（JH25） | 5.80（重量車モード） |
| ステアリング型式 | 車速感応型インテグラルパワーステアリング付 | | インテグラルパワーステアリング付 |
| サスペンション型式（前） | 独立懸架式空気ばね | | 独立懸架式空気ばね |
| 〃　（後） | 車軸式空気ばね | | 車軸式空気ばね |
| 主ブレーキ | 空気式 | | 空気式 |
| 補助ブレーキ | エンジンリターダ・永久磁石式リターダ | | エンジンリターダ |
| タイヤサイズ | 295/80R22.5 | | 10R22.5-14PR |
| 燃料タンク容量　（ℓ） | 430 | | 300 |

三菱ふそうエアロエース　2TG-MS06GP（宮城交通, AN）

エアロクィーン（スーパーハイデッカー）／エアロエース（ハイデッカー）は，2007年，先代エアロクィーン／エアロバス（MS8系）をフルモデルチェンジして登場した大型観光バスである。以来10年にわたりMS9系として数度の改良を図ったが，2017年の平成28年排出ガス規制への適合を機に，エンジンの小排気量化と併せてトランスミッションを6速MTから8速AMTに変更，基本的な内外装はそのままにMS0系へと生まれ変わった。2019年にフロントスタイルの一新と安全装備の充実などを図り，2022年12月には騒音規制（フェーズ2）への適合と併せてオートライトおよびデイライトを装備した。

エアロクィーンは全高3.54m，エアロエースは全高3.46mで，両車共通の"クール＆エモーション"を基調にしたスタイリングが特徴。空調機器はエアロクィーンが床下据置型直冷，エアロエースは天井直冷である。用途別のバリエーションは観光・貸切用（一般観光，サロン＝後部回転シート付），高速路線用のハイウェイライナー（夜行，昼行，空港連絡。エアロクィーンは夜行のみ）である。

なおエアロエースには12列・乗客定員60人仕様（貸切，空港連絡），床下荷物室床面〜客席間を車椅子のままで垂直移動できるエレベーター付仕様，近距離高速路線などに向けた13列・乗客定員65人仕様，路線用途に適した折戸仕様などがある。

グレードはベーシックなエコライン（エアロエースのみ），充実装備のプロライン，プロラインに上級装備を加えたプレミアムラインの3種類で，リヤウインドーを縁取る後面シグネチャーライト（青色LED）は上位2グレードに標準またはオプションで設定される。また前面シグネチャーライトも販売会社のオプションで用意される。メーカーが設定する標準的な内装コーディネートはプロライン6種，プレミアムライン3種，エコライン3種である。

エンジンは全車が直6・排気量7.7ℓで280kW（381PS）を発生する6S10（T2）型を搭載，2ステージターボを採用し，低回転域から高回転域まで優れた過給効果を発揮する。トランスミッションは全車が8速AMTの"ShiftPilot"で，燃費向上やイージードライブにも貢献する。AMTはステアリングコラム左側に装備されたマルチファンクションレバーにより，指先での操作が可能である。またAMTはマニュアルを含めて3つのモードを備えるとともに，クリープ機能，巡航時に動力伝達をカットして燃費低減につなげる機能などを装備する。燃費性能は全車が平成27年度重量車燃費基準＋15％を達成している。

安全装備として，歩行者検知機能付の衝突被害軽減ブレーキABA4，顔認識カメラなどにより運転注意力低下を検知し

三菱ふそうエアロクィーン〈夜行高速仕様〉
2TG-MS06GP（北海道北見バス, Nk）

Mitsubishi Fuso Aero Queen/Aero Ace: The large-size sightseeing coach series introduced in 2007 comprised of Aero Queen super high decker coach and Aero Ace high decker coach. In the 10 years since its introduction, there have been several revisions to improve fuel consumption and enhanced safety. The engine has also been changed from Fuso's original to Daimler Group's common platform. In passing the 2016 emission regulations in 2017, the engine has been vastly downsized from the 12.8 liters of the previous model to 7.7 liters, while the transmission has been changed to 8-speed AMT so that the power of the small displacement engine can be fully utilized and for easier driving. Along with the first completely new front mask since it has been introduced, safety features have been enhanced in 2019 with Emergency Driving Stop System and Active Sideguard System which assists prevention of collisions when turning left.

三菱ふそうエアロエース・折戸仕様　2TG-MS06GP（斜里バス，Nk）

て警報を発するアクティブ・アテンション・アシスト，車線逸脱警報（運転席バイブレーター警報付），車間距離保持機能と自動停止・発進機能を併せ持つプロキシミティー・コントロール・アシスト，

エアロエース・後部トイレ付の車内例（関東鉄道）

ドライバー異常時対応システムEDSS，同じく左方の歩行者・自転車等を検知して左折操作や左ウィンカー操作の際に警告するアクティブ・サイドガード・アシスト（クラス初）などを装備する。

【販売価格例＝エアロクィーン・観光11列サロン：5,512万2,000円，エアロエース・同12列：5,244万4,000円】

### 三菱ふそうエアロクィーン／エアロエースの略歴（2014年以降）

| | |
|---|---|
| 2014.8 | 9 mMM，安全装備などを12m車に準拠，型式をMM97に変更 |
| 2014.9 | 12m車，各部改良，ターボの変更などで燃費改善 |
| 2015.4 | 12m車の一部型式が新エコカー減税対応《QTG-》 |
| 2015.7 | 車線逸脱警報装置を改良，12m全車燃費改善《QTG-》 |
| 2016.5 | AMB2.0を標準装備 |
| 2017.5 | 平成28年規制に適合，全車AMT化《2TG-》，9 m車MM中止 |
| 2018.10 | エアロエースにエレベーター付仕様を設定 |
| 2019.2 | フロントマスク変更，EDSS，ABA4，アクティブ・サイドガード・アシストなど装備（2月発表・4月発売） |
| 2019.秋 | エアロエースに13列・定員65人仕様を追加 |
| 2021.4 | エアロエースに折戸仕様を追加 |
| 2022.12 | オートライト，デイライト装着ほか改良 |

■諸元表

| 車　名 | | 三菱ふそうエアロクィーン | 三菱ふそうエアロエース | |
|---|---|---|---|---|
| 型　式 | | 2TG-MS06GP | | |
| 床形状 | | スーパーハイデッカー | ハイデッカー | |
| 仕様・グレード | | サロン・プレミアム | 一般・プロ | 夜行線・プレミアム |
| 乗車定員 | （人） | 55 | 62 | 30 |
| 全　長 | （mm） | 11,990 | 11,990 | 11,990 |
| 全　幅 | （mm） | 2,490 | 2,490 | 2,490 |
| 全　高 | （mm） | 3,535 | 3,460 | 3,460 |
| ホイールベース | （mm） | 6,000 | 6,000 | 6,000 |
| トレッド(前／後) | （mm） | 2,050/1,835 | 2,030/1,820 | 2,050/1,835 |
| 最低地上高 | （mm） | 200 | 200 | 200 |
| 室内寸法(長) | （mm） | 10,860 | 10,860 | 10,780 |
| 〃 (幅) | （mm） | 2,310 | 2,310 | 2,310 |
| 〃 (高) | （mm） | 1,890 | 1,760 | 1,760 |
| 車両重量 | （kg） | 13,020 | 12,700 | 13,470 |
| 車両総重量 | （kg） | 16,045 | 16,110 | 15,120 |
| 最小回転半径 | （m） | 9.5 | 9.5 | 9.5 |
| エンジン仕様 | | 直6・TI付 | | |
| エンジン型式 | | 6S10(T2) | | |
| 総排気量 | （cc） | 7,697 | | |
| 最高出力 | （kW/rpm） | 280(381PS)/2,200 | | |
| 最大トルク | （N·m/rpm） | 1,400(143kgf·m)/1,200〜1,600 | | |
| 変速比 | ①／②／③ | 6.570/4.158/2.748 | | |
| | ④／⑤／⑥ | 1.739/1.256/1.000 | | |
| | ⑦／⑧ | 0.794/0.632(以上AMT標準) | | |
| 終減速比 | | 4.444 | | |
| JH25モード燃費 | （km/ℓ） | 4.99 | 4.99 | 5.15 |
| ステアリング型式 | | インテグラル式車速感応型パワーステアリング付 | | |
| サスペンション型式(前) | | 独立懸架式空気ばね(ECS付) | | |
| 〃 (後) | | 車軸式空気ばね(ECS付) | | |
| 主ブレーキ | | 空気式 | | |
| 補助ブレーキ | | Jakeブレーキ＋流体式リターダ | | |
| タイヤサイズ | | 295/80R22.5 | | |
| 燃料タンク容量 | （ℓ） | 405 | | |

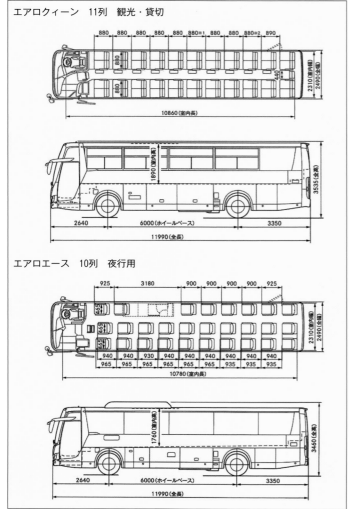

エアロクィーン　11列　観光・貸切

880 880 880 880 880 880＝1 880 880＝2 890
440
2310(室内幅)
2490(全幅)
10860(室内長)
1890(室内高)
3535(全高)
2640　6000(ホイールベース)　3350
11990(全長)

エアロエース　10列　夜行用

925 3180 900 900 900 900 925
465 465 465
2310(室内幅)
2490(全幅)
940 940 930 940 940 940 940 940
965 965 965 965 965 935 935 935
10780(室内長)
1760(室内高)
3460(全高)
2640　6000(ホイールベース)　3350
11990(全長)

# いすゞエルガ／日野ブルーリボン〈前扉仕様〉

いすゞエルガ〈前扉仕様〉　2TG-/2RG-LV290Q4

　エルガ／ブルーリボン〈前扉仕様〉は2017年，同路線系の平成28年排出ガス規制適合を機に追加されたノンステップバスのバリエーションで，先代エルガ／ブルーリボンⅡ〈自家用ツーステップ〉の後継車である。主として送迎用を謳い，衝突被害軽減ブレーキを備えないため高速道路や制限速度60km/h超の自動車専用道路は走行できない。

　車体構造は路線系と共通で，前扉〜後輪前方間の通路をノンステップ，シート部を段上げすることで乗降性と居住性を両立している。燃料タンクは左床下に配置される。2種類のホイールベース（N尺：5.3mとQ尺：6m），直4・排気量5.2ℓの177kWエンジンと6速AMTまたは6速ATの組み合わせも路線系と同様で，全車が平成27年度燃費基準を達成する。GVW14トン以上のAT車に流体式リターダを標準で，全車に永久磁石式リターダをオプション設定する。定員例はN尺が11列・補助席付72人，Q尺が12列・補助席付78人，同補助席なし84人など。装備面では荷物棚などを標準装備，2022年12月には路線系に準じて自動検知式EDSS，オートライトなどを標準装備した（型式一覧は37ページ参照）。

いすゞエルガ〈前扉仕様〉　2KG-LV290Q4（近江鉄道，TT）

■諸元表

| 車　名 | | いすゞエルガ（LV）/日野ブルーリボン（KV）前扉仕様 | |
|---|---|---|---|
| 型　式 | | 2KG-LV/KV290N4 | 2TG-LV/KV290Q4 |
| 床形状 | | ノンステップ | |
| 仕　様 | | 立席・補助席付 | |
| 乗車定員 | （人） | 72 | 78 |
| 全　長 | （mm） | 10,430 | 11,130 |
| 全　幅 | （mm） | 2,485 | 2,485 |
| 全　高 | （mm） | 3,045 | 3,045 |
| ホイールベース | （mm） | 5,300 | 6,000 |
| トレッド（前/後） | （mm） | 2,065/1,820 | 2,065/1,820 |
| 最低地上高 | （mm） | 130 | 130 |
| 室内寸法（長） | （mm） | 9,495 | 10,195 |
| 〃 （幅） | （mm） | 2,310 | 2,310 |
| 〃 （高） | （mm） | 2,405 | 2,405 |
| 車両重量 | （kg） | 9,670 | 9,790 |
| 車両総重量 | （kg） | 13,630 | 14,080 |
| 最小回転半径 | （m） | 8.3 | 9.3 |
| エンジン仕様 | | 直4・TI付 | |
| エンジン型式 | | 4HK1-TCH | |
| 総排気量 | （cc） | 5,193 | |
| 最高出力 | （kW/rpm） | 177（240PS）/2,400 | |
| 最大トルク | （N·m/rpm） | 735（75kgf·m）/1,400〜1,900 | |
| 変速機 | | 6速AT | 6速AMT |
| 変速比 | ①/② | 3.486/1.864 | 6.615/4.095 |
| | ③/④ | 1.409/1.000 | 2.358/1.531 |
| | ⑤/⑥ | 0.749/0.652 | 1.000/0.722 |
| 終減速比 | | 6.500 | |
| JH25モード燃費 | （km/ℓ） | 5.35 | 4.90 |
| ステアリング型式 | | インテグラル式パワーステアリング付 | |
| サスペンション型式（前後共） | | 車軸式空気ばね | |
| 主ブレーキ | | 空気式 | |
| 補助ブレーキ | | 排気ブレーキ | |
| タイヤサイズ | | 275/70R22.5 148/145J | |
| 燃料タンク容量 | （ℓ） | 160 | |

LV290Q4／KV290Q4　定員78人仕様

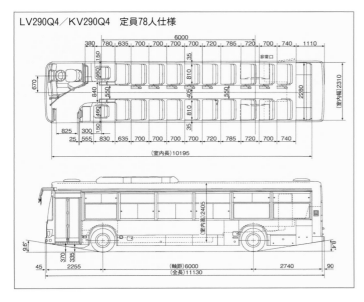

三菱ふそうエアロスター〈前扉仕様〉 2PG-MP35FP

エアロスター〈前扉仕様〉は2021年に大型路線車・エアロスターシリーズに特別仕様で追加された，送迎・自家用に向けたモデルである。同シリーズには2017年までツーステップの前扉仕様が設定されてきたが，本モデルはワンステップ車がベースである。乗降ステップの1段目に加えて前輪タイヤハウス部分で床をさらに1段上げすることで，タイヤハウスや最後部を除く客室内のほぼ全体でフラットな床面を実現し，車内移動の容易さと快適性を併せ持つ点が特徴である。なお衝突被害軽減ブレーキは装備しないため，高速道路や制限速度60km/h超の自動車専用道路は走行できない。

ホイールベースは路線系ワンステップバスと同様，P尺（6m），M尺（5.3m），K尺（4.8m）の3種類を設定する。P尺の定員例は正席48＋立席25＋乗務員1の計74人で，補助席（最大10）の設置も可能である。動力性能，環境性能，安全装備なども路線系に準じており，2022年12月にはオートライトの採用やEDSSの改良などが図られた。

2PG-MP35FP（芸陽バス，写真：同社）

車内例

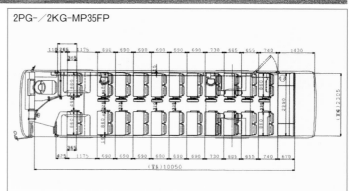

2PG-／2KG-MP35FP

■諸元表　　　　　　　　　　　　　（型式一覧は39ページ参照）

| 車　名 | | 三菱ふそうエアロスター前扉仕様 |
|---|---|---|
| 型　式 | | 2PG-／2KG-MP35FP |
| 床形状 | | ワンステップ |
| 乗車定員 | （人） | 74 |
| 全　長 | （mm） | 11,450 |
| 全　幅 | （mm） | 2,490 |
| 全　高 | （mm） | 3,125 |
| ホイールベース | （mm） | 6,000 |
| トレッド（前／後） | （mm） | 2,065/1,815 |
| 最低地上高 | （mm） | 165 |
| 室内寸法（長） | （mm） | 10,050 |
| 〃　　　（幅） | （mm） | 2,305 |
| 〃　　　（高） | （mm） | 2,270 |
| 車両重量 | （kg） | 10,260 |
| 車両総重量 | （kg） | 14,330 |
| 最小回転半径 | （m） | 9.8 |
| エンジン仕様 | | 直6・TI付 |
| エンジン型式 | | 6M60(T6) |
| 総排気量 | （cc） | 7,545 |
| 最高出力 | （kW/rpm） | 199(270PS)/2,500 |
| 最大トルク | （N・m/rpm） | 785(80kgf・m)/1,100～2,400 |
| 変速機 | | 6速AT |
| 変速比 | ①/②/③ | 3.487/1.864/1.409 |
| | ④/⑤/⑥ | 1.000/0.750/0.652 |
| 終減速比 | | 6.166 |
| JH25モード燃費 | （km/ℓ） | 4.38 |
| ステアリング型式 | | インテグラル式パワーステアリング付 |
| サスペンション型式（前） | | 車軸式空気ばね |
| 〃　　　　　　（後） | | 車軸式空気ばね |
| 主ブレーキ | | 空気油圧複合式 |
| 補助ブレーキ | | 排気ブレーキ，パワータードブレーキ |
| タイヤサイズ | | 275/70R22.5 148/145J |
| 燃料タンク容量 | （ℓ） | 160 |

# 輸入観光車 現代ユニバース

現代ユニバース ベーシック仕様《特別仕様を含む》2DG-RD00（WILLER EXPRESS）

ユニバースは韓国の現代自動車が2006年に発売した大型観光・高速バスである。同社はかつて三菱自動車から技術供与を受けてふそうエアロバスを国産化した時代があるが，ユニバースは完全な自社技術で開発・発売され，韓国市場では圧倒的なシェアを獲得している。日本国内では2008年夏に先行販売を開始，同年秋には輸入車の型式認定（平成17年規制適合）を取得の上，2009年に現代自動車ジャパン（現Hyundai Mobility Japan）から正式発売された。このモデルは本国の最上級グレード「エクスプレス・ノーブル」をベースとしたハイデッカーの右ハンドル車で，2012年には灯火器規制に対応，フロントマスク一新，前後の大型化などを図った。

現行モデルは2017年に発売された平成28年排出ガス規制適合車で，エンジンは直6・排気量10ℓで316kW（430PS），2,060N・mを発生するHエンジン（D6HC型）を搭載，トランスミッションはパワーアシスト付6速MT（ZF製）のほか，2018年に追加設定されたトルコン式6速AT（ZF製エコライフ，ダブルオーバードライブ）がある。

| 日本国内におけるユニバースの略歴（正式発売以降） | |
| --- | --- |
| 2009. 2 | 平成17年規制適合車を正式発売《ADG-》 |
| 2010.11 | 平成21年規制適合車に移行《LDG-》 |
| 2011. 9 | 3列独立シート（2×1仕様）を追加 |
| 2012. 4 | 外装を中心にマイナーチェンジ |
| 2013. 8 | 2013年モデル発売．車高調整装置を標準装備 |
| 2016. 1 | AEBS，LDWS，VDCを標準装備して発売 |
| 2017.10 | 平成28年規制に適合《2DG-》 |
| 2018. 4 | AT車を追加 |
| 2019.10 | 側窓形状変更，各部改良 |
| 2021. 3 | ベーシック仕様を追加設定 |
| 2022. 6 | EDSSを標準装備 |

また補助ブレーキはエンジンリターダに加え，AT車がトランスミッションに内蔵される流体式リターダを標準装備，MT車は流体式リターダ（ZFインターダ）をオプション設定する。内装の基本仕様は観光系：4車型（乗客定員45〜58人），2×1ワイドシート：

現代ユニバース ベーシック仕様の標準的なフロントマスク．2枚ガラスを採用する

現代ユニバース 観光仕様・AT車
2DG-RD00

現代ユニバース　ベーシック仕様・AT車の車内と運転席回り．ATセレクターは運賃機との干渉を避けるため，運転席シート右側に配置される

２車型（同27・30人），都市間仕様：１車型（同40人，以上MT車の場合）で，いずれも全正席に３点式シートベルトを標準装備する．装備面では乗務員用トランクルーム，車高調整機能などを標準装備，クラリオン製AV機器などをオプション設定する．安全面では衝突被害軽減ブレーキAEBS，車線逸脱警報装置LDWS，車両安定性制御装置VDC，オートクルーズなどを各々標準装備する．

　2019年に後部側窓の形状変更と装備の充実を図った．また2021年

Hyundai Universe: The large-size sightseeing and highway coach series introduced by Hyundai of South Korea in 2006. The model has been offered on the Japanese market since 2008. The Japanese model is the right hand drive high decker with the overall height of 3.49m based on the most luxurious model of its native country. The model passed the 2009 emission regulations in November of 2010. The new model is powered by the 312kW engine utilizing the SCR system. The 2016 model is equipped with the automatic brake AEBS, LDWS, and VDC to comply with Japanese regulation. To pass the more stringent emission regulations of 2017, the 12.3 liter engine has been made smaller to 10 liters while maintaining the same output. AT's are being planned for 2018. Model equipped with 6-speed AT (ZF) was added in 2018.
To answer the demands of the route bus operators, a basic variant with simplified equipment and a price that has been decreased by approximately 10,000,000 yen has been added to the line-up. Model equipped with EDSS is planned to be introduced in 2022.

には路線事業者の要望を受けて廉価版の「ベーシック仕様」を追加した．これは前後スポイラーの省略による軽量化，フロントガラスの２分割化による修理コスト低減，ホイールのスチール化，タイヤサイズ変更，ワンマン機器装着の容易化，レスオプションの拡大などを図るとともに，路線仕様のAT車は運賃機との干渉を避けるためにATセレクターを運転席右側に配置する．2022年には全車がドライバー異常時対応システムEDSSを装備した．

　販売ディーラーには自動車販売会社，交通事業者，商社などが名を連ねている．メンテナンスはメーカー，ディーラーが契約する全国185カ所で受けられるほか，横浜市内に大規模パーツセンターを設置し，全国への円滑な部品供給を行っている．なお2023年末時点での国内でのユニバースの累計販売台数は約810台である．
【販売価格例＝観光・６速AT・11列：3,417万3,700円，ベーシック仕様・６速AT・11列：2,487万1,000円】

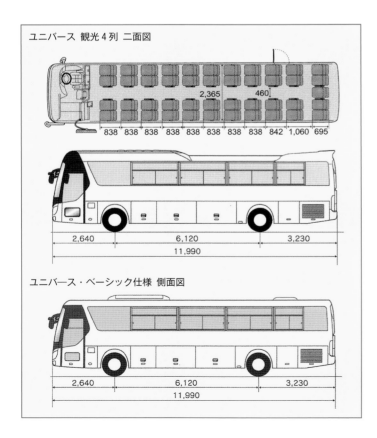

ユニバース　観光４列　二面図

2,365　460

838　838　838　838　838　838　838　838　842　1,060　695

2,640　6,120　3,230
11,990

ユニバース・ベーシック仕様　側面図

2,640　6,120　3,230
11,990

■諸元表

| 車　　　名 | | 現代ユニバース | | |
|---|---|---|---|---|
| 型　　　式 | | 2 DG-RD00 | | |
| 床 形 状 | | ハイデッカー | | |
| グレード・仕様 | | 観光 | 都市間 | ベーシック |
| 乗車定員 | (人) | 47 | 41 | 46 |
| 全　　長 | (mm) | 11,990 | 11,990 | 11,990 |
| 全　　幅 | (mm) | 2,490 | 2,490 | 2,490 |
| 全　　高 | (mm) | 3,535 | 3,535 | 3,490 |
| ホイールベース | (mm) | 6,120 | 6,120 | 6,120 |
| トレッド(前) | (mm) | 2,075 | 2,075 | 2,075 |
| トレッド(後) | (mm) | 1,850 | 1,850 | 1,850 |
| 最低地上高 | (mm) | 200 | 200 | 200 |
| 室内寸法(長) | (mm) | 10,775 | 10,775 | 10,775 |
| 〃　(幅) | (mm) | 2,365 | 2,365 | 2,365 |
| 〃　(高) | (mm) | 1,950 | 1,950 | 1,950 |
| 車両重量 | (kg) | 12,730 | 12,640 | |
| 車両総重量 | (kg) | 15,260 | 14,895 | |
| 最小回転半径 | (m) | 10.3 | 10.3 | 10.3 |
| エンジン仕様 | | 直6・TI付 | | |
| エンジン型式 | | D6HC | | |
| 総排気量 | (cc) | 9,959 | | |
| 最高出力 | (kW/rpm) | 316(430PS)/1,800 | | |
| 最大トルク | (N・m/rpm) | 2,060(210kgf・m)/1,200 | | |
| 変 速 機 | | 6 速AT | 6 速MT | |
| 変 速 比 | ①/② | 3.364/1.909 | 6.435/3.769 | |
| | ③/④ | 1.421/1.000 | 2.259/1.444 | |
| | ⑤/⑥ | 0.720/0.615 | 1.000/0.805 | |
| 終減速比 | | 3.909 | | |
| ステアリング型式 | | インテグラル式パワーステアリング付 | | |
| サスペンション型式(前) | | 車軸式空気ばね | | |
| 〃　(後) | | 車軸式空気ばね | | |
| 主ブレーキ | | 空気式 | | |
| 補助ブレーキ | | 流体式リターダ | 排気ブレーキ，ジェイクブレーキ，流体式リターダ(OP) | |
| タイヤサイズ | | 295/80R22.5 | | |
| 燃料タンク容量 | (ℓ) | 420 | | |

スカニア／バンホール アストロメガ TDX24（ジェイアール東海バス）

アストロメガはベルギー・バンホール製の2階建てバスである。日本向けのバンホールは1980年代に2階建てバスやスーパーハイデッカーなどが輸入されたが，1997年をもって途絶えていた。しかし生産中止された国産2階建てバスの後継車として外国製の2階建てバスが注目される中で，2016年に再び輸入が始まった。車体寸法は全長12m・全幅2.5m・全高3.8m，右ハンドル，非常口扉付，軸重10トン未満など日本の道路運送車両法保安基準を満たしている。開発に際しては過去にバンホールを採用するとともに，初号車を発注した，はとバスのニーズと使用経験が反映されている。またエンジンは日本市場でトラックや連節バスの実績があるスウェーデンのスカ

ニア製が選ばれた。

観光車の乗客定員例は2階席48＋1階席4＋車椅子利用者2の計54人。2020年に加わった夜行都市間用の乗客定員例は2階席（3列独立）29＋1階席10の計39人である。1階へのトイレ設置も可能。また後輪上部には2階建てバスとしては大容量の荷物室を備えているのも特徴である。エンジンは排気量12.7ℓ・ユーロⅥ適合のスカニアDC13型で300kW（410PS）を発生，12速AMTでリターダを内蔵するスカニアオプティクルーズを組み合わせる。衝突被害軽減ブレーキAEB，車線逸脱警報LDWなどを装備。空調機器は独エバスペヒャー製で，日本の環境に応じた冷却能力を備えている。販売・メンテナンスはスカニアジャパンが行う。これまでの販売実績は2016〜2022年の7年間で64台，2023年は6台で，近年は国産2階建バスからの置き換えを進めるJRバスグループへの採用例が多い。

Scania/Van Hool Astromega TDX24: Double decker coach of Van Hool that was introduced to the market in 2016 by Scania Japan. Even though the right hand drive model with the overall length of 12m, width of 2.5m, and height of 3.8m had been developed to meet the demand of Hato Bus, the operator of city tours which had been seeking a successor to the domestic double decker coach that was discontinued in 2010, the model will be made available to bus operators around the nation. Scania's engine and powertrain were chosen as they have a proven record with trucks in Japan. The model is powered by DC13 engine with the output of 302kW coupled with 12-speed Opticruise.

4列仕様の例

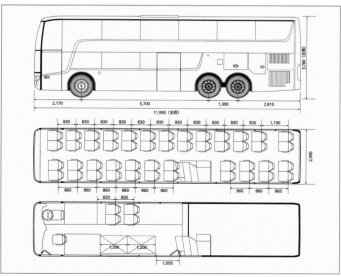

■諸元表

| 車　　名 | | アストロメガ |
|---|---|---|
| 型　　式 | | TDX24 |
| 床 形 状 | | ダブルデッカー |
| 乗車定員 | （人） | 56（架装例） |
| 全　　長 | （mm） | 11,990 |
| 全　　幅 | （mm） | 2,490 |
| 全　　高 | （mm） | 3,780 |
| ホイールベース | （mm） | 7,000（5,700＋1,300） |
| 室内寸法（長） | （mm） | 1階：4,000，2階：11,090 |
| 〃 （幅） | （mm） | 2,340 |
| 〃 （高） | （mm） | 1階：1,675，2階：1,614 |
| 車両重量 | （kg） | 16,050 |
| 車両総重量 | （kg） | 19,130 |
| 最小回転半径 | （m） | 10.9 |
| エンジン仕様 | | 直6・TI付 |
| エンジン型式 | | DC13 |
| 総排気量 | （cc） | 12,742 |
| 最高出力 | （kW/rpm） | 302（410PS）/1,900 |
| 最大トルク | （N·m/rpm） | 2,150/1,000〜1,300 |
| 変 速 機 | | 12速AMT |
| サスペンション型式 | | 空気式（電子制御） |
| 主ブレーキ | | 空気式・ディスク |
| 補助ブレーキ | | 排気ブレーキ，流体式リターダ |
| タイヤサイズ | | 295/80R 22.5 |
| 燃料タンク容量 | （ℓ） | 490 |

## 日野オリジナルバス

　日野自動車は大型・中型・小型の各種バスや，トラックシャーシーをベースにしたオリジナルデザインのバス型架装を用意している。これらは企画の段階から日野自動車が対応し，ユーザーの要望やイメージを汲んだ上で設計・開発を行う。ボデー架装は東京特殊車体，岩戸工業などが担当しているが，ジェイ・バスの特装・サービス部での架装も可能である。これまでケーブルカータイプ，ボンネットタイプ，SLをイメージしたバス，ステップアップルーフを持つバスなど，様々なバスを手がけている。また近年は貸切バスのハイグレード化・個性化に応じて，事業者オリジナルの内外装デザインや装備品を備えた車両を，日野セレガをベースに提案している。

　写真①はリエッセⅡ幼児専用車ベースのバス架装メニューの一例で，このほかにも様々なオリジナルデザインバスの提案を行う。また，写真②は，車体へボデープリント施工を採用した事例で，デザインの内容に合わせ最適な施工手法の提案も行う。

①リエッセⅡ幼児専用車ベースのバス架装メニューの一例

②ボデープリント施工を採用した事例

# 株式会社 エムビーエムサービス

エムビーエムサービス（MBMS）は富山市に本社を置く，自動車部品メーカー・ビューテックのグループ企業である。1976年，当時の呉羽自動車工業のバス完成車の陸送業務を端緒に創業，車検整備やバス部品加工などの業務を経て，2010年からは三菱ふそうバス製造（MFBM）の隣接地で，三菱ふそう車を主体とするバスの二次架装・改造を行っている。特に二次架装車が国内販売総数の80％を占めるとされる小型バス・ローザについては，これらの約8割を担当しており，路線仕様やハイグレード観光車なども数多く製作している。このほか大型観光車の車椅子利用者用のエレベーター付車両の架装，2階建てバスのオープントップ改造などの実績も多い。2016年から大型2台・小型7台が同時に施工できる架装工場を稼働させ，より高い品質と短納期化を実現している。

独自の製品として，小型バスの車内後方を荷室として有効活用できる「マイクロバス後部荷物室架装」，幼児車用の「保護ベルト」などがある。

●㈱エムビーエムサービス ☎(076)466-2485
https://mbms.info/

エムビーエムサービスの代表的な製品から，三菱ふそうローザの路線仕様。小規模需要路線の使用環境に即した使い勝手や安全性が盛り込まれている。車内は濃飛乗合自動車の4WD車。外観は三重交通

# 中京車体工業 株式会社

中京車体工業は創業から78年という長い歴史を誇る改造メーカーである。日野リエッセⅡ／トヨタコースターなどの二次架装・改造，トラックシャーシーのバス型特種車（検診車等）のボデー架装などで高い評価を得ている。このうち小型バスの二次架装・改造については，部品装着，車椅子用リフトや補助ステップの装着，レイアウト変更が容易にできる「ハンディシート」の装着，ボデー延長を含む各種改造など，顧客のあらゆるニーズに対応している。

2023年12月の第9回バステクin首都圏にはキャプテンシートを5脚装備し，後部を荷室にした貨客兼用仕様の車両を出品した。また同様のシート8脚を装備し，Lサイズのスーツケース10個が搭載可能な観光仕様の車両も準備している。後者は旅行需要が"大型バスを利用した大人数のツアー旅行"から"小規模あるいは小グループでちょっとゆったり旅"へのシフトに対応した車両となっている。

●中京車体工業㈱ ☎(0562)98-0020
www.syatai.jp

日野リエッセⅡロングボデーをベースに，新開発のキャプテンシートを5脚架装し，後部を荷室とした貨客兼用車。第9回バステクin首都圏で発表された

車内は定員は既存シート3席を含め8人。このほかキャプテンシート8席＋既存シート3席の仕様も用意されている。キャプテンシートのピッチはいずれも900mmである

# バス改造メーカー＆グリーンスローモビリティ

## 東急テクノシステム 株式会社

東急テクノシステムは1940年に東急系の電車・バスの修理を端緒に創業した企業である。バスは現在，神奈川県川崎市の自動車工事部で，新造車の二次架装，使用過程車の改造・車体更新・修理など幅広い業務を行っている。ベース車の機能はそのままにオリジナリティに富んだ製品を生み出しており，立山黒部貫光の「E〜SORA立山パノラマバス」，富士急バスの「GRAND BLEU RESORT」，三越伊勢丹旅行の「プレミアムクルーザー」などのハイグレード観光バスや，三重交通の路面電車型「神都バス」，2階建てオープントップバス，運転訓練車などを数多く手がけている。特に近年は運転訓練車の製作例が多く，これまでに一般路線車ベースで15台，高速車ベースで3台を製作した。

また，同社では以前より中型車RR（日野／いすゞ）および小型車XZB（トヨタ／日野）のリフトバス改造も行っており，車椅子利用者が安全に利用できる車両を製作している。それに加え，直近では電気バスの二次架装（ワンマン機器取り付け）も手がけている。

●東急テクノシステム㈱ 営業戦略部
☎(044)733-4211
https://www.tokyu-techno.co.jp

西武バスが導入した運転訓練用の研修車の車内．いすゞエルガAT車をベースに，AIを駆使した最新の訓練機器が装備されている

## 株式会社 東京アールアンドデー／株式会社 ピューズ

東京アールアンドデー（R&D）は，1984年からEV（電気自動車）の開発を手がけ，スクーター，レーシングカー，バス，トラックなど様々な車種のEVに関する開発・製造を行っている。

また東京R&Dは，1999年にEVシステムの開発，製造，海外を含む部品販売を行うグループ会社としてピューズを立ち上げた。これに伴い東京R&Dを車両の研究開発機関と位置づけ，ピューズが駆動モーター，駆動バッテリーパック，制御システムなどEVの主要コンポーネントを製造供給する体制を整えた。2000年に最初の電気バスのデリバリーを開始したのを皮切りに，2010年代以降は2014年に東日本旅客鉄道の気仙沼BRT向けの中型電気バス，2017年はマレーシア向けに13台の電気バス，2020年は横浜市向けの電気バスを納入している。

さらに2016年からFCEV（燃料電池車）の開発・製造にも本格的に取り組んでいる。FCEVについては，より大きな電力エネルギーを短時間での搭載・充填が可能という圧縮水素の長所を活かして車両の開発を行っている。2018年には燃料電池小型トラックの開発・実証を行い，2022年春には小型燃料電池バスを新潟県へ納入した。

東京R&Dでは，商用車に限らず数多くの大手自動車メーカーなどからの受託によるモビリティ開発支援を行っており，それらに裏打ちされた技術力と実績が特徴となっている。

●㈱東京アールアンドデー ☎(046)227-1101 https://www.tr-d.co.jp
●㈱ピューズ ☎(045)470-1001 https://www.pues.co.jp

改造バスの例．2022年春に新潟県に納入された，日野ポンチョベースの小型燃料電池バス

## 株式会社 シンクトゥギャザー

シンクトゥギャザーは，2007年に創業した電気自動車の開発・製造を行う事業者で，群馬県桐生市に本社を置いている。同社の製品は数多くの小径タイヤに窓ガラスのない四角いボディが特徴の小型電気バス「eCOMモビリティ」（以下eCOM）が主力である。eCOMは，20km/h未満で走行する超小型電動バスとして2011年に開発され，近年は「グリーンスローモビリティ」とも呼ばれ現在全国で約50台が稼働している。これらは桐生市の市内周遊をはじめ，富山の宇奈月温泉，群馬の谷川連峰の一ノ倉沢，東京・池袋，大分市，宮崎市などで周遊・送迎バスとして営業運行するほか，群馬大学の自動運転試験車両としても使用されている。

eCOMの駆動方式は各輪をそれぞれモーターで駆動するもので，バッテリーはリチウムイオン電池を床下に搭載する。座席配置は対座ベンチシートが標準である。8輪で乗車定員10人の「eCOM-$8^2$」と，10輪で同16〜23人の「eCOM-10」の2車型に加え，7人乗りの「eCOM-4」もラインアップしている。なお同社が製造するeCOMは，受注生産で型式指定車両ではないため，カスタマーの要望に応じた仕様を製作できるのが大きなポイントである。

●㈱シンクトゥギャザー ☎(0277)55-6830
https://www.ttcom.jp

2022年4月に栃木県日光市で運行開始した定員21人のeCOM-10

# AI 技術で安全を追求したデジタルタコグラフ

# YDX-8

矢崎デジタコ・ドラレコ一体型最上位機種

## 選べる運用方式

SD カード　　LTE　　無線 LAN

お客様の条件に合った運用方式が選択でき最適な
コストで運用実現 ※無線 LAN は順次対応予定

## 危険運転の防止機能

従来の車線逸脱や路面標示等の画像確認機能に
加え赤信号通過やスマホ通話の検知機能が追加

## 多カメラ・高画質記録

240万画素のメインカメラを含む最大10台のカメラ
接続により鮮明な画像記録を実現

## 正確な位置情報管理

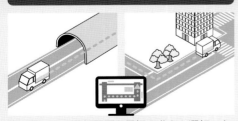

車載器からの通信間隔を最短 1 分から選択でき、
車両位置管理のリアルタイム性と正確性向上

## 外部機器との連携

豊富なインターフェースを搭載し、衝突防止補助
機器やタイヤ空気圧検知機器、庫内温度の管理
機器など様々な機器連携可能

## 新運行管理システム

新システム "ESTRA-Web2" で、安全評価、
運行検索、組織階層管理の機能等、従来以上の
業務効率をサポート

---

## 矢崎エナジーシステム株式会社

https://www.yazaki-keiso.com

計装営業統括部：〒422-8072　静岡県静岡市駿河区小黒3-8-15　TEL 054（283）1156

東北・北関東計装営業部（仙台支店）☎022（284）9113
中部・北陸計装営業部（名古屋支店）☎052（769）1533
九州・中国計装営業部（福岡支店）☎092（411）4833

東北・北関東計装営業部（埼玉支店）☎048（654）2188
関西計装営業部（大阪支店）☎06（6458）8091
矢崎総業北海道販売㈱☎011（852）2913

南関東計装営業部（東京支店）☎03（5782）2703
九州・中国計装営業部（広島支店）☎082（568）7803
矢崎総業四国販売㈱☎087（833）3337

※電話は全てダイヤルインです。

ヨーロッパには歴史ある商用車メーカーやコーチビルダーが数多く存在し，先進的な技術開発や個性豊かなデザインなどで，世界のバスのトレンドを牽引してきた。しかしコロナ禍の影響は大きく，2023年はスウェーデンのボルボバスとスカニアが，相次いで自社製メーカー完成車からの撤退を表明した。

ボデー架装は多品種少量生産すなわち労働集約産業であり，欧州でも人件費の高い北欧を本拠とするボルボはヴロツワフ，スカニアはスウォブスクといずれもポーランドに工場を置いて，シティバスや観光バスを製造してきた。しかし両社とも生産台数が限られていたこと，近年は中国やトルコなどEU域外で生産される低廉なバスが競合相手として登場したことなどで，完成車事業は赤字が続いていた。そこにコロナ禍が直撃して発注が激減し，コロナ禍後も期待したほどの需要回復に至らず，どちらも厳しい経営判断を迫られた。

ボルボバスそしてスカニアとも，定評あるバスシャーシーメーカーとしての地位を確立している。そこでボルボバスはシャーシー事業の強化に加え，シティバスはエジプトのMCVを，観光バスはスペインのサンサンデグイを純正ボデーとして認定し，欧州の完成車ビジネスの維持を発表した。スカニアはノンステップシャーシーは終了するがそれ以外のシャーシーは継続し，詳細は未発表だが欧州での完成車ビジネスも維持する。同社はスペインのイリザールと長年にわたり提携しており，プレミアムクラスでは事実上の純正ボデーとして展開している。また中国のハイガーが架装する観光車は廉価クラスの自社モデルとして10年以上の歴史があり，2021年にはイギリスで新型シティバスがスカニア・フェンサーの名で発売された。

欧州のゼロエミッション車はコロナ禍にあっても歩みを止めず，今まさに過渡期にある。欧州委員会は一層の$CO_2$排出量削減をねらい，2023年2月に自ら"野心的"と表現する新目標として，2030年以降に導入する路線バス全車のゼロエミッション化を提案した。これに対し事業者や産業界はあまりに非現実的と強く反発し，欧州議会や欧州理事会で改めて検討を行ったが，結果として2030年の電動化目標は維持されている。ただしバイオガス車は2035年まで新車が認められ，また都市間路線バスは目標から除外されて観光バスや大型トラックと同じく排出基準の強化にとどめられた。産業界が要望する軽油に代わる持続可能な燃料・再生可能な燃料（バイオマスや廃食油，廃棄物などから製造する低炭素燃料）は，欧州委員会では社会全体にとってコスト面で非効率的と否定的な結論を出しており，将来的な見直しの可能性はあるが現時点では考慮外とされた。

EU27カ国＋イギリスのシティバスは，2023年第2四半期時点で新車の4割がゼロエミッション車となった。このうちデンマークやフィンランド，オランダなど6カ国は100％を達成したが，市場規模が大きく，大手エンジンメーカーが本拠を構えるドイツやフランス，イタリアはその比率が2〜3割弱とまだ低い。さらにチェコやオーストリアは新車のわずか2〜5％で，市場により温度差はかなり大きい。しかし2030年の目標が確定した今，欧州全域でゼロエミッション車比率が高まるのは疑いようがない。

2年前の海外カタログではバスメーカーに名乗りを上げるスタートアップが増えているとお伝えしたが，創業期の魔の川，死の谷を乗り越えて製品化そして量産化を果たした企業が現れてきた。この間にも老舗バスメーカーから完成度が高いゼロエミッション車が続々と登場し，信頼感や充実したサポート体制などで一気に市場を獲得している。また実力をつけた中国やトルコのメーカーが，OEMや独自ブランドで続々と押し寄せている。激しい競争が繰り広げられるダーウィンの海を泳ぎ切り，伝統的コーチビルダーと肩を並べるスタートアップも出てくるだろう。

ドイツの大手商用車メーカーMANのシティバス・ライオンズシティの電気バスは，2019年に単車のライオンズシティ 12Eが登場し，翌2020年に連節車ライオンズシティ 18Eが加わった．最大640kWhのバッテリーを搭載可能で，一充電当たり航続距離は200km，最適条件では270kmも可能という．2023年9月，生産1,000台を達成した．MANおよびグループ傘下のネオプランは，ポーランドのスタラホヴィツェ工場でシティバスおよびバスシャーシーを，トルコのアンカラ工場で観光車を生産している

# メルセデス・ベンツ シターロ

メルセデス・ベンツ eシターロ12m車.
発売から5年で生産1,000台を突破した

メルセデス・ベンツのシターロは1997年に初代が登場し，2011年に第2世代に進化した。初代以来の累計生産台数は6万台を超え，2018年にラインアップに加わった電気バス・eシターロは2023年6月に生産台数1,000台を達成した。

シティバスは全長12.1mノンステップ車：シターロ，同10.6m車：シターロK，全長18.1m連節車：シターロG，全長19m連節車：キャパシティ，21m連節車：キャパシティLをラインアップし，ローエントリー（前中扉間ノンステップ）は12m単車のみ設定する。また近郊・短距離都市間向けに全長12m級ノンステップ車シターロÜ，ローエントリー車LE Ü，連節車GÜを展開する。駆動系は排気量7.7ℓのOM936型直6ディーゼル（出力220kW）とフォイトDIWA4速ATが標準で，連節車の高出力仕様とキャパシティは排気量10.7ℓのOM470型が選択できる。他にM936G型天然ガスエンジンも設定される。

eCitaroは2021年9月の改良で，従来比約1.5倍まで重量エネルギー密度を高めたアカソル製の新型三元系リチウムイオンバッテリーを採用した。1パック当たり総電力量は98kWhで，単車は4～6パック，連節車は4～7パックを搭載する。ライフを通じて標準的な運行環境で一充電当たり220km程度の航続距離があり，最適な環境では300km超も可能という。電池への負荷が小さい普通充電方式を推

奨しており，普通充電で運用した場合の充放電サイクルは4,000回，およそ10年のライフに相当する。オプションの急速充電仕様は車載パンタグラフおよび地上施設からパンタグラフが下降する充電レール方式が設定される。

2023年6月にeシターロをベースに出力60kWの燃料電池ユニットをレンジエクステンダーとして搭載する仕様が登場し，一充電＆一充填当たり航続距離を大幅に延長した。燃料電池車ではなく大容量バッテリーを前提とするシステム構成で，製造時にCO₂を排出しないが高価なグリーン水素よりも通常の送電網から供給される安価な電力を活用できること，回生エネルギーを十分に活用できる点などをメリットとする。燃料電池はトヨタTFCM2-F-60型である。

このほかeシターロでは，2021年から全固体電池仕様が設定された。この電池はフランス・ボロレ傘下のブルーソリューションズ製金属リチウムポリマー電池（LMP）で，総電力量は1パック当たり63kWhである。全固体電池は最大7パック搭載可能で，1充電当たり航続距離は単車が最大320km，連節車が同220kmである。

eシターロGレンジエクステンダー連節車.
最高出力60kWのトヨタ製燃料電池モジュールを搭載する。航続距離は単車が400km，連節車は350kmとされる

| | | メルセデス・ベンツ | |
| --- | --- | --- | --- |
| | | eシターロ | eシターロG |
| 扉　　数 | | 3 | 4 |
| 定員例（座席数） | （人） | 77 | 136 |
| 全　　長 | （mm） | 12,135 | 18,125 |
| 全　　幅 | （mm） | 2,550 | 2,550 |
| 全　　高 | （mm） | 3,400 | 3,400 |
| ホイールベース | （mm） | 5,900 | 5,900＋5,900 |
| ステップ地上高 | （mm） | 320 | |
| 室　内　高 | （mm） | 2,021～2,313 | |
| 許容総重量 | （kg） | 20,000 | 20,000 |
| 最小回転半径 | （m） | 10.6 | 11.5 |
| モーター | | ZF AVE130 | |
| 仕　　様 | | インホイール | |
| 定格／最高出力 | （kW） | 60/125×2 | |
| 最大トルク | （N·m） | 485×2 | |
| 駆動バッテリー | | 三元系Li-ion | LMP全固体 |
| 標準パック数 | | 6 | 7 |
| バッテリー標準容量 | （kWh） | 198 | 441 |
| （〃オプション時） | | （最大396） | （最小378） |
| | （前） | ZF 82 RL EC独立懸架 | |
| 懸架方式 | （中） | － | ZF AV133車軸懸架 |
| | （後） | ZF AxTrax AVE 車軸懸架（駆動軸） | |
| タイヤサイズ | | 275/70R22.5 | 275/70R22.5 |
| 航続距離 | （km） | 170 | 190 |

# ポーランド ソラリス ウルビノ

ウルビノ・エレクトリック18連節車

1994年にネオプラン・ポルスカとして創業したソラリスはポーランドを代表するバスメーカーで，2020年12月に累計生産2万台を達成した。同社は2018年9月にスペインの鉄道車両メーカーCAF傘下となっている。

主力モデルのウルビノは1999年に初代がデビューし，2014年に第2世代に進化した。電動化の進展に伴いディーゼル車は車型展開を集約しつつノンステップ単車：10.5／12mおよび18m連節車が設定され，ローエントリーのウルビノLEと短距離都市間路線向け高床車のインターウルビノが設定される。駆動系はカミンズB6.7型エンジン（出力182kW）とフォイトDIWA4速ATが標準で，パッカーMX-11型エンジンやZFエコライフ6速ATが選択でき，ハイブリッド駆動系も搭載できる。

純電気仕様のウルビノ・エレクトリックは2013年に初登場して第4世代まで進化し，ノンステップ車は全長12m単車と18mおよび24m連節車，ローエントリー車は全長9mと15m単車を展開する。駆動系はモーター1基のセントラルドライブ方式が標準で，9LEを除きZF製インホイールモーターも選択できる。走行用バッテリーの搭載量は事業者の想定ルートや運用に柔軟に対応する。

2023年10月，ウルビノ・エレクトリックに新世代バッテリーを採

グラスコクピット化された運転席周り。スイッチはシフトセレクターも含め大幅にタッチスクリーンに集約された。物理ボタンは操作頻度の高いドアスイッチや電動パーキングブレーキなどに限られる

用しフロントマスクがフェイスリフトされた18m連節車が登場した。バッテリーを最大800kWhまで搭載でき，一充電当たり航続距離600kmを実現する。

このほか2019年からは燃料電池車ウルビノ・ハイドロジェンが設定されている。このモデルは出力70kWのバラード製燃料電池とリチウムイオンバッテリー，約1,500ℓの水素シリンダーを搭載し，一充填当たり航続距離は350kmに及ぶ。駆動系はZF製インホイールモーターのみで，セントラルドライブの設定はない。

短距離都市間路線や送迎用途を想定するインターウルビノ

| 車 種 名 | | ソラリス ウルビノ | |
|---|---|---|---|
| | | 12エレクトリック | 15LEエレクトリック |
| 扉　数 | | 3 | 3 |
| 定員例（座席数） | （人） | 60（26） | 105（51） |
| 全　長 | （mm） | 12,000 | 14,890 |
| 全　幅 | （mm） | 2,550 | 2,550 |
| 全　高 | （mm） | 3,300 | 3,400 |
| ホイールベース | （mm） | 5,900 | 7,000+1,690 |
| オーバーハング前 | （mm） | 2,700 | 2,750 |
| 〃　　　　後 | （mm） | 3,400 | 3,450 |
| 車両総重量 | （kg） | 18,745 | 25,000 |
| 最小回転半径 | （m） | 10.7 | 11.9 |
| モーター仕様 | | ZFインホイール | シングルモーター |
| 出　力 | （kW） | 125×2 | 300 |
| 駆動バッテリー | | 三元系Li-ion | 三元系Li-ion |
| 総 容 量 | （kWh） | 240 | 470 |
| 懸架方式 | （前） | ZF独立懸架 | |
| | （後） | ZF車軸懸架 | |
| タイヤサイズ | | 295/80R22.5 | 295/80R22.5 |
| 航続距離 | （km） | 300 | 250 |

# VDL ニュージェネレーション・シティア

2021年に発表されたニュージェネレーション・
シティアLF-122

VDLは1953年に創業したオランダの独立系コーチビルダーである。VDLは近隣のバスメーカーを傘下に収めて事業を拡大してきたため、同一クラスに旧メーカーに由来する複数のモデルを抱えていた。主力のシティバスは2007年に新型車シティアを発表しモデルの集約を図った。シティアには2010年に電気駆動系を搭載する低公害仕様がラインアップされた。

2021年5月、シティアがフルモデルチェンジしニュージェネレーション（NG）シティアとなった。NGシティアは脱炭素社会に向けて電動駆動系に特化して開発され、エンジン車は設定されない。新開発のシャーシーはバッテリーをフロア下部に搭載、補器類は後方にまとめて配置し、インホイールモーターの採用と併せて低重心と床面積の最大化が図られた。同じく新開発のボデーは側板に軽量な複合素材を採用するとともに車両全長にわたりシングルピース化し、車重の軽減と騒音の低減が図られた。また断熱性が高いため冷暖房効率が改善し、電費の向上もねらっている。NGシティアは全長12.2m2軸車（LF：ノンステップ、LE：ローエントリー）、13.5m2軸車LE、14.9m3軸車LE、18.1mLF連節車が設定される。走行用リ

チウムイオンバッテリーパックは内製とされており、単車が最大490kWh、連節車は674kWhまで搭載可能で、一充電当たり500〜600kmの航続距離を実現する。バッテリーの大容量化により、電池負荷の大きい厳冬期でも、一充電で1日の運行に十分な250kmの航続距離を持つ。

VDLのシティバスは、ニュージェネレーション・シティアの本格生産開始によりノンステップ車はすべて新型に切り替わった。ローエントリー車のシティアLLEのみ、先代ボデーとディーゼルエンジンの組み合わせで生産が続いている。シティアLLEの駆動系は、カミンズISB6.7型エンジン（出力187kW）とフォイトまたはZF製ATの組み合わせである。

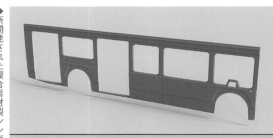

➡新開発された複合素材製シングルピースボデーパネルと、➡床下バッテリー配置の電気バス専用シャーシ

ニュージェネレーション・シティアLF-181 アムステルダム市交通局向け

| 車 種 名 | | ニュージェネレーションシティア | |
|---|---|---|---|
| | | LF-122 | LF-181 |
| 扉　数 | | 3 | 3 |
| 定員例（座席） | （人） | 110(45) | 153 |
| 全　長 | （mm） | 12,200 | 18,100 |
| 全　幅 | （mm） | 2,550 | 2,550 |
| 全　高 | （mm） | 3,190 | 3,190 |
| 車両総重量 | （kg） | 19,500 | 29,000 |
| モーター仕様 | | ZF AxTrax AVEインホイール | |
| 出　力 | （kW） | 125×2 | |
| 駆動バッテリー | | VDL内製Li-ion | |
| 総 容 量 | （kWh） | 490 | 674 |
| 航続距離 | （km） | 500〜600 | |

バンホールA12バッテリー

　バンホールは1947年に創業したベルギーの独立系コーチビルダーで，地元欧州に加え北米でも成功を収めている。同社は1991年にエンジンをホイールベース間左側に寄せてノンステップ構造を実現したA300を発表，1997年にリヤエンジンのA330が登場し2002年に第2世代へと進化した。そして2022年6月に電動駆動系に特化した新型シティバス・Aシリーズが発表された。

　新型Aシリーズの駆動系はバッテリー，燃料電池，トロリーバスの3タイプを設定する一方でエンジン車を設定しない。ノンステップ車は全長12mおよび13m単車と18m連節車，24m3車体連節車を設定，またローエントリー車も追加された。車名は"A12バッテリー"のようにA＋全長＋駆動系の組み合わせで表記される。

　新型車の開発に際しては，航続距離の最大化をねらい軽量化が重視されるとともに，サステナビリティが開発のキーワードとなった。ボデーはモジュラー構造を採用，フレーム部とボデー骨格は耐久性のある高張力ステンレス鋼を採用して，強度と軽量化を両立した構造を実現した。ボデーパネルは軽量なコンポジット素材を採用し，接着構造の多用と併せてこちらも軽量化に寄与する。ルーフ部はコンポジット素材によるサンドイッチパネル単体で強度を持つ構造で，バッテリーや制御ユニット，エアコンユニットなどのマウント部は共通化したモジュラー構造とした。これによりコンポーネントの着脱が容易になり，将来的な機器類のアップデートや交換，修理作業などを容易にしてサステナビリティに貢献する。またリヤパネルには大型リッドを設けて整備性を高めた。

　フロントマスクは空力性能を最大限に考慮したデザインである。またフロントとリヤのウィンドー，客席ガラスも大型化しており，視野の拡大に加えて外光の採り込みもねらう。運転席は客室空間と隔壁で分離する独立コンパートメントタイプが標準で，運転席周りのレイアウトはあらかじめドイツ公共交通事業者協会（VDV）の要求仕様を満たしたものとした。

　モジュラー構造により，バッテリーEV仕様の駆動系は単車・連節車ともZF製インホイールモーターAxTrax（1軸あたり出力140kW×2）を採用し，単車は後軸を，連節車は後車体のアクスルにも組み込んで計2軸を駆動軸とする。バッテリーはドイツのアカソル製で，総電力量は単車が最大588kWh，連節車が同686kWhである。一方で燃料電池車は仕様が異なり，バラード製FCムーブHD型燃料電池（出力70kW）とフランスのアクティア製バッテリー（総電力量24kWh）を組み合わせる。また駆動系はシーメンス製PEM2016型モーター（出力160kW）で後軸を駆動するセントラルドライブ方式である。

A15バッテリー・ローエントリー

| | | バンホール | |
|---|---|---|---|
| | | A12バッテリー | A24トロリー |
| 扉　数 | | 3 | 5 |
| 定員例（座席数） | （人） | 94(41) | （座席65） |
| 全　長 | (mm) | 12,225 | 24,705 |
| 全　幅 | (mm) | 2,550 | 2,550 |
| 全　高 | (mm) | 3,400 | 3,400 |
| ホイールベース | (mm) | 5,790 | 5,790+6,510+6,510 |
| オーバーハング前 | (mm) | 2,825 | 2,825 |
| 〃　　　後 | (mm) | 3,610 | 3,070 |
| ステップ地上高 | (mm) | 320〜340 | 320〜340 |
| 室内高 | (mm) | 2,300 | 2,300 |
| モーター | | ZF AxTrax AVE | n.a. |
| 仕　様 | | インホイール | セントラルドライブ×2 |
| 最高出力 | (kW) | 140×2 | 160×2 |
| 駆動バッテリー | | 三元系Li-ion | LTO Li-ion |
| 総容量 | (kWh) | 588 | 60 |
| 航続距離 | (km) | 250 | - |

オランダ EBUSCO 2.2 & 3.0

EBUSCO 3.0

　EBUSCOは2012年にオランダ・ヘルモンドで創業し，電気バスやバッテリー，充電機器を手がけるメーカーである。同社は創業初年に軽量なアルミボデーの1.0を発表し，短期間でバッテリーの大容量化や高電圧化，モーター高出力化などの改良を重ねて2018年に現行モデル2.2が登場した。最新モデルは2019年10月に発表された3.0で，炭素繊維製フレーム材や複合素材の採用，ボデー構造の見直しなどで強度や耐久性，安全性を犠牲にすることなく車両重量をおよそ1/3低減した。サイドウォールには発泡剤を充填したコンポジットパネルを採用し，軽量化に加えて断熱性を高めてエアコン効率を改善し，航続距離の延長に寄与している。3.0は2021年に型式認定を取得してミュンヘン都市公社にプロトタイプ車が納車され，量産車は2023年6月のオランダ・トランスデヴ向けを皮切りに納車が始まった。現在は2.2と3.0を並行して展開する。

　同社は中国の厦門で車両を委託生産していたが，3.0の発表に合わせてドゥールネに工場兼新本社を設けて移転した。欧州で生産することで，コンポーネントや完成車を長距離輸送する際の温室効果ガス削減をねらっている。また2023年第3四半期に受注の伸びに対応するため自動車受託生産企業と提携して生産能力を拡大する方針を発表した。発表時点でEBUSCOは確定注文694台，指名入札229台，オプション契約（数量未確定）900台など1,800台超の受注を得ており，将来的には年産能力3,000台を目指すという。ただし実際の納車は数年来のサプライチェーン逼迫の影響などから想定を下回り，2023年は250～300台程度になる見込みとされた。

　2.2および3.0とも全長12m単車と同18m連節車をラインアップし，駆動系はZF製インホイールモーターアクスル（AxTrax）を採用する。3.0連節車の非駆動軸はスーパーシングルタイヤを採用するなど軽量設計を追求し，空車重量はわずか14,500kgに抑えられた。走行用バッテリーは自社開発したリン酸鉄リチウムイオン電池を用いており，2.2は総電力量350／400／500kWhの3種類が設定され，一充電当たり航続距離は最大350kmである。3.0は単車が250／350kWh，連節車が350／500kWhの2種類で2.2よりも小容量だが軽量化が航続距離の延長に大きく貢献し，一充電当たり航続距離は単車が最大575km，連節車は700kmと謳われる。充電の所要時間は，単車が3～4.5時間程度，連節車が4～6時間程度である。急速充電は電池への負荷が大きく，繰り返すと航続距離や寿命への影響が避けられないが，大容量とすることで運行途中の急速充電を行わずに夜間充電のみでディーゼル車と同等の運用を可能とした。高価な急速充電設備も不要で，ライフトータルでの事業者のTCO削減を訴求する。

　充電装置を自社開発することは，同社の強みの一つである。

EBUSCO 2.2 右ハンドル仕様.
オーストラリア向けに開発された

| | | EBUSCO | |
|---|---|---|---|
| | | 2.2〈単車〉 | 3.0〈連節〉 |
| 扉　　数 | | 3 | 4 |
| 最大乗車定員 | （人） | 90 | 150 |
| 全　　長 | （mm） | 12,000 | 18,000 |
| 全　　幅 | （mm） | 2,550 | 2,550 |
| 全　　高 | （mm） | 3,250 | 3,190 |
| ホイールベース | （mm） | 5,850 | n.a. |
| ステップ地上高 | （mm） | 340 | 340 |
| 室内高 | （mm） | 2,350 | 2,350 |
| 車両重量 | （kg） | 13,580 | 14,500 |
| モーター | | ZF AxTrax AVE | |
| 仕　　様 | | インホイール | |
| 定格／最高出力 | （kW） | 60／125× 2 | |
| 駆動バッテリー | | リン酸鉄Li-ion | リン酸鉄Li-ion |
| 総容量 | （kWh） | 350/400/500 | 350/500 |
| タイヤサイズ | | 275/70R22.5 | 275/70R22.5 |
| 航続距離 | （km） | 最大450 | 最大700 |

# カエターノ シティゴールド

カエターノ H2.シティゴールド12m燃料電池バス

カエターノは1946年にポルトガルで創業した独立系コーチビルダーである。同社は1968年にトヨタと提携し，欧州向けコースターのボデー架装など日本との関係も長い。2017年には三井物産の出資で製造ラインを拡大した。（バスラマNo.166）

シティゴールドは1997年に登場したシティバスボデーで，ボルボやMAN，スカニアなど多彩なシャーシーに架装実績がある。このボデーはモジュラー構造によりノンステップとローエントリーが設定され，右ハンドル仕様も対応する。ゼロエミッション車は2016年に電気バスのe.シティゴールドが発表されて翌年10月から量産が始まり，2019年10月にはトヨタの燃料電池システムを採用したH2.シティゴールドが発表された。2021年7月からはカエターノの電気バスおよび燃料電池バスはトヨタとのダブルブランドで展開されており，2023年12月に台湾で開催された台北オートショーに登場した。

シティゴールドはスチール製シャーシーに全長10.7mまたは12mのアルミ製ボデーを架装し，シーメンス製モーターで駆動する。e.シティゴールドの走行用バッテリーは三元系リチウムイオン電池（最大420kWh）で夜間緩速充電が標準で，一充電当たり航続距離は350kmである。パンタグラフ式急速充電を選択した場合，バッテリーはLTOリチウムイオン（最大100kWh）となる。H2.シティゴールドは出力60kWのトヨタ製燃料電池とシーメンス製モーター，走

行用LTOバッテリー（容量29～44kWh）を組み合わせる。搭載水素量は37.5kg（水素容器：312ℓ×5本，350bar）で一充填当たり航続距離は450km超，満充填の所要時間は約10分である。2024年モデルは搭載燃料電池がより高出力の第2世代に進化する。

カエターノはノンステップ電気バスシャーシーも製造販売しており，モーターを後方に片寄せ配置して3扉仕様が可能なe.CC100型（出力160kW）とe.CC102型（同180kW）を設定する。バッテリーは完成車と同じく三元系かLTOリチウムイオン電池が選べる。

ロンドン向けに製造された右ハンドル仕様のe.シティゴールド10.7m電気バス

e.シティゴールド12m電気バス。電気バス・燃料電池バスともトヨタマークが付く

| 車種名 | | カエターノ | |
|---|---|---|---|
| | | e.シティゴールド | H2 シティゴールド |
| 扉　数 | | 3 | 3 |
| 定員　例 | (人) | 65(31) | 64 |
| 全　長 | (mm) | 11,995 | 10,740 |
| 全　幅 | (mm) | 2,500 | 2,500 |
| 全　高 | (mm) | 3,200 | 3,458 |
| ホイールベース | (mm) | 5,845 | 4,590 |
| オーバーハング　前 | (mm) | 2,675 | 2,675 |
| 〃　　　　　後 | (mm) | 3,475 | 3,475 |
| 車両重量 | (kg) | 13,530 | n.a. |
| 許容総重量 | (kg) | 17,950 | 17,700 |
| モーター型式 | | シーメンス | |
| モーター仕様 | | セントラルドライブ | |
| 最高出力 | (kW) | 180 | |
| 駆動バッテリー | | 三元系Li-ion | LTOLi-ion |
| 総容量 | (kWh) | 420 | 29～44 |
| 懸架方式 | (前) | ZF 82 RL EC独立懸架 | |
| | (後) | ZF車軸懸架 | |
| 燃料電池 | | － | トヨタFCスタック |
| 出　力 | (kW) | － | 60 |
| 水素量 | (ℓ) | － | 312×5 (37.5kg) |
| 航続距離 | (km) | 350 | 450 |

スイス カロッセリー・ヘス ライトラム

ヘス・ライトラム25 ３車体連節バスオーストラリア向け右ハンドル仕様

　スイスのヘスは1882年に鍛冶・荷馬車職人が独立して構えた修理工房を源流とする老舗で，1919年からバスボデー架装に携わっており，1933年に初めてアルミボデーを架装，1940年にはトロリーバスすなわち電動駆動系を開発した。同社は成型したアルミ構造材をボルト留めして軽量かつ耐久性の高いモジュラー構造ボデーを形成するコボルトシステムを開発したメーカーとして有名である。コボルトシステムは様々なコーチビルダーがライセンスを得てボデー設計に活用しており，世界中に普及している。

　ライトラムは電動駆動系に特化した主力モデルで，コボルトシステムによるモジュラー構造により，全長10m単車から同25m３車体連節車までワイドバリエーションを特徴とする。駆動は１軸につきモーター１基（出力190kW）で駆動するセントラルドライブ方式が標準で，連節車は第２軸駆動を標準に第３軸駆動をオプションとしており，３車体連節車は２・３軸を駆動し第４軸はステアアクスルである。走行用バッテリーは三元系リチウムイオン電池を採用し，１パック当たり66kWhの容量を持つ。パック搭載数は採用事業者の運用方法や充電方式などに応じて設定し，約800kWh（12パック）を搭載した例もある。充電は夜間緩速充電のほか，パンタグラフに

よる急速充電が選択できる。また急速充電は起終点などで実施する一般的なもののほか，概ね４停留所ごとに利用者の乗降中（約20秒）に充電するTOSA方式が選択でき，その場合は搭載バッテリー量を抑制してより多い定員が設定できる。またトロリーバスを運行する事業者向けに架線から集電する方式も用意しており，小容量のリチウムイオンバッテリー（１パック，66kW）を搭載し，トロリー走行に加えて25～30km程度を純電気バスとして走行できる。

　ライトラムのほか同社の特徴的な製品に，トレーラーユニットの"ブスツーク"（バストレイン）がある。一般的な単車がラッシュ時にトレーラーを牽引して輸送能力を倍増することで，事業者はピークに合わせたドライバーの確保や連節車，予備車など車両を増やすことなく柔軟に需要の変動に対応できる。

↑スイス郵便バスのライトラムとブスツークのコンビ．←チューリヒ市交通局のライトラム10．同局は連節車や３車体連節車，トロリーバスなど多彩なヘス製バスを採用している

| 車種名 | | ヘス | |
|---|---|---|---|
| | | ライトラム10 | ライトラム25 |
| 扉　数 | | 2 | 5 |
| 定員例（座席） | （人） | 60（26） | 206（44） |
| 全　長 | （mm） | 10,790 | 24,370 |
| 全　幅 | （mm） | 2,550 | 2,550 |
| 全　高 | （mm） | 3,300 | 3,410 |
| 車両重量 | （kg） | n.a. | 25,274 |
| 車両総重量 | （kg） | ca.18,000 | 39,282 |
| 駆動軸 | | 後軸 | 第２・第３軸 |
| モーター仕様 | | 永久磁石同期電動機，水冷 | |
| 最高出力 | （kW） | 190（１軸あたり） | |
| 駆動バッテリー | | 三元系Li-ion | |
| 総容量 | （kWh） | 333 | 533 |
| 航続距離 | （km） | n.a. | 200 |

## 台湾　フォックストロン（鴻華先進科技）モデルT

世界最大の電子機器生産受託メーカー（EMS）として知られる台湾のフォックスコングループ（鴻海科技集団，ホンハイ）が，電気バスメーカーに名乗りを上げた。同社は2020年に台湾の自動車メーカー・裕隆汽車と共同でフォックストロンを設立し，EV専用オープンプラットフォーム"MIH"（モビリティ・イン・ハーモニー）を開発するとともに，2021年秋に乗用車とバスのプロトタイプを発表した。このうち電気バス"モデルT"がいち早く製品化を実現し，2022年3月の高雄向けを皮切りに，台北や台南，台東など台湾各地に納車が進んでいる。

フォックストロン・モデルTは全長12,082×全幅2,500×3,279mm，ホイールベース6,000mmのシティバスで，車両重量13,300kg。モーター出力は260kWで総電力量300kWhの走行用バッテリー（リン酸鉄リチウムイオン電池）を搭載し，一充電当たり航続距離は250km超という。客室は後軸直前までノンステップフロアとしており，段上げ部は前向き座席3列または三方シート配置となる（定員例58人：座席28＋立席30）。また中扉対向部には非常口が設けられた。

このバスは三菱ふそう車などを現地生産する順益車輌の工場で生産されている。また将来的なバッテリーの内製化を目指し，2023年に高雄に電池の研究開発・量産拠点の立ち上げが発表された。

モデルTは2022年のグッドデザイン賞を受賞した。デザインのポイントは「1. クリーンかつ滑らかな外観デザインと快適なインテリア。2. リラックスできスムーズに運転できる環境と，乗客にとって快適かつ安全な移動空間。3. 環境に優しい輸送を実現する，高効率かつ長持ちするエネルギー」である。価格は1,000〜1,000万台湾ドル（1台湾ドル≒4.7円）である。

## カナダ　プレヴォ H3-45

プレヴォは1924年に創業したカナダのコーチビルダーで，1995年にボルボバス傘下となった。同社は観光車に特化しており，現在はいずれも全長45フィート（約13.7m）級のH3-45（観光／都市間路線）とX3-45（観光／都市間路線／送迎）およびボルボ9700（ボルボバス・メキシコ工場製）をラインアップする。

Hシリーズは1993年にプレミアムクラスとしてデビューした観光車で，数次の改良を経て生産が続く長寿モデルである。2023年にフロントマスクを一新する大型改良を受け，デザインのアップデートのほか，前扉の電動化とステップ周りの変更による乗降性の改善，3分割バンパーの装備やフロントアクセスパネルの拡大など整備性の向上が図られた。エンジンはボルボD13型（排気量12.8ℓ）を継続するが制御プログラムが見直されている。変速機はアリソン製6速ATに一本化されて，ボルボI-シフト12速AMTは中止された。前輪は車軸式と独立懸架が選択でき，リヤスーパーシングルタイヤ（455/55R22.5）がオプション設定される。新型H3-45は燃費12％の改善を実現したが，デザイン変更による空力性能の改善効果が10％，エンジン関係が2％，各々寄与している。

新型プレヴォH3-45 納入初号車

| 車種名 | | プレヴォH3-45 |
|---|---|---|
| 定員例 | (人) | 56 |
| 全長 | (mm) | 13,720 |
| 全幅 | (mm) | 2,590 |
| 全高 | (mm) | 3,720 |
| ホイールベース | (mm) | 8,000 |
| 室内高 | (mm) | 1,960 |
| 床下トランク容積 | (㎥) | 13.03 |
| 車両重量 | (kg) | 17,940 |
| 許容総重量 | (kg) | 24,040 |
| 最小回転半径 | (m) | 前輪独懸：12.6m／車軸式：13.8m |
| エンジン型式 | | ボルボD13 直6・TI付 |
| 総排気量 | (ℓ) | 12.8 |
| 最高出力 | (kW) | 320〈435HP〉 |
| 最大トルク | (N·m) | 2,300/1,100rpm |
| 変速機 | | アリソン6速AT |
| タイヤサイズ | | 315/80R22.5 |
| 燃料タンク容量 | (ℓ) | 840 |

73

## ドライブレコーダー一体型デジタルタコグラフ「YDX-8」　矢崎エナジーシステム

矢崎エナジーシステムは昨年5月からドライブレコーダー一体型のデジタルタコグラフ「YDX-8」を発売した。併せてドライブレコーダー・デジタルタコグラフと連動したクラウド型の運行管理システム「ESTRA-Web2」のサービスも開始した。

YDX-8は車両単位で運用方式（SDカード／LTE通信／無線LAN）が選択できる。カメラは前方の高画質のメインカメラ（240万画素）が1台，オプションのデジタルカメラ（120万画素）が最大4台，アナログカメラ（30万画素）が最大5台の合計で10台が接続できる。

従来の車間・車線認識や道路上の路面標識（制限速度，横断歩道予告，一時停止〈止まれ〉）の画像認識機能に加え，信号機検知（赤信号侵入）やスマホ通話（運転中の通話）検知の機能が新たに加わった。ドライバーの運転中の危険挙動を事務所へ通知することで，管理者がこれまで気づくことができなかった運転状況を把握することが可能である。またデッドレコニング（自律航法）対応のGPSモジュールの装備により車両位置情報の精度が向上した。事務所への車両位置情報の送信頻度は1分または5分から選択できる（1分設定は有償オプション機能）。車両の走行軌跡や位置情報の正確性，リアルタイム性が向上し，より早く運行状況の把握ができるようになった。このほか衝突防止補助機器，タイヤ空気圧検知機器，車内温度の管理機器など，従来製品よりも多くの機器と接続でき，多様なニーズに対応する。

ESTRA-Web2は，デジタルタコグラフ・ドライブレコーダーで取得したデータをクラウド上で管理し，状況をウェブブラウザでいつでも閲覧できるサービスで，従来の「ESTRA-Web」に対して各種機能のアップデートが図られている。新たにIT点呼システムが加わるとともに，外部システムとの接続性が向上している。

YDX-8の本体価格（税別）は21万円，メインカメラが3万5,000円。

YDX-8本体

ESTRA-Web2の
TOP画面

ESTRA-Web2利用のサービス料（税別）は1台あたり2,600円／月である。
〈お問い合わせ〉
矢崎エナジーシステム㈱ 計装営業統括部 ☎(054)283-1156
URL　https://www.yazaki-keiso.com/

## 電気バス用タイヤ「e. ENASAVE SP148」　住友ゴム工業

住友ゴム工業は10月1日から，国内メーカー初の路線用電気バス向け市販タイヤ「e. ENASAVE SP148」を発売した。本製品は電気バスの課題である一充電あたりの航続距離を延ばすため，転がり抵抗を低減し電費を抑えることを目的に開発され，路線バス用ではDUNLOP史上最高レベルの低燃費（電費）性能を実現した。以下特徴。

①「軽量化ケースプロファイル技術」によって，タイヤの骨格であるケースライン形状を最適化することで余分なゴムをそぎ落とし軽量化を図った。またリブ同士が支え合う「高剛性トレッドパターン」を採用することで，リブの動きが抑制され，転がり抵抗に起因するエネルギーロスの低減に大きく貢献する。これらにより転がり抵抗係数は従来汎用品「SP527」比で10%，「SP537」比で25%低減，温室効果ガス排出量の削減にも貢献する。

②路線バス用タイヤの特徴であるショルダーラグ溝をなくし，センター主溝に新開発の丸底フラスコ型の溝形状技術「フラスコグルーブ」を採用した。これにより「SP527」よりも広い面でEV特有の車両重量を支えることが可能となり，摩耗エネルギーを分散することで，背反するロングライフ性能と転がり抵抗技術を高次元で両立する。また「フラスコグルーブ」は摩耗によって溝幅が広がる特性を備え，摩耗中盤以降の溝面積が減ることによる排水性能の低下を抑制し，摩耗末期まで優れた排水性能を維持する。

サイズは275/70R22.5　148/145Jの1サイズ，価格はオープン。
〈お問い合わせ〉
住友ゴム工業㈱ タイヤお客様相談室 ☎(0120)39-2788
URL　https://truckbus.dunlop.co.jp/

各部の
特徴

e. ENASAVE
SP148

## トランスミッションフルード

アリソンジャパン

　アリソンジャパンのサービスディーラーでは，アリソントランスミッションの純正トランスミッションフルードの新規格，Allison TES 668™ を積極的に推奨している。2021年に導入されたTES668は，すべてのアリソン製品の性能を最大限引き出し，高品質を維持するために不可欠な純正品という。新規格では，耐摩耗性，耐ジャダー性能，クラッチ摩擦耐久性が向上しており，アリソン製品を長期間安心して使用するための多くの重要な点で鉱物油ベースのフルードより高性能となり，古くなった鉱物油ベースのフルードが発生させる騒音振動やショックを軽減させている。TES668は，シフト感覚を向上させるのみならず，長期間にわたり，振動やショックを抑制することができる。また，より優れた摩擦性能により，温度変化や大きな負荷があっても，一貫した変速時間を提供することで発熱やダメージを防止しクラッチコントロールをサポートする。低速における摩擦特性を向上させることでスムーズな変速を実現，優れたトルク容量も確保し，シフト品質を向上させる。純正品であるTES668を使用することでギヤ保護性能が向上するため，フルード交換頻度は通常コンディションで最長で約48万kmまたは48カ月，シビアコンディションで最長約24万kmまたは48カ月を推奨している。純正品を利用することで，アリソン製品のパフォーマンスを向上させるだけでなく，トータルのメンテナンスコストを軽減させ，アリソンの延長保証契約を結ぶ際の必須条件も満たすという。

　2023年にはATFの交換マニュアル動画を公開し，定期交換の重要性を訴求している。

〈お問い合わせ〉

アリソンジャパン㈱ ☎(03)6718-1696

URL　https://www.allisontransmission.com/ja-jp

ATF交換マニュアル動画

TES668

---

## リビルドVGターボチャージャー

ターボテクノサービス

　ターボテクノサービス（以下TTS）は，バスをはじめとしてトラック・建設機械・軽／普通車まで，あらゆる車両・エンジンに搭載されているターボチャージャー（以下ターボ）専門のリビルドメーカーである。

　近年のディーゼル用ターボアフターマーケットの現状は，バス・トラック用に加え，4次規制に対応した建設機械用VGターボの需要も急増しており，現在ではターボ需要のほとんどをVGターボが占めるまでとなっている。バス用の需要は，一般路線バスとして保有台数が最も多く，なおかつ同一ターボの採用期間が長いLV（KV）234系（2型，3型）に搭載される6HK1用電子制御式VGターボを中心に，中・小型から大型へと採用が拡大している「2段過給ターボ」の需要も増加している。

　TTSは初期型のエア制御式から最新の電子制御式アクチュエーターまで，すべてのVGアクチュエーターテスターを自社開発し，国内エンジンはもとより昨今増えている海外エンジン用まで，あらゆるタイプのターボに対応している業界唯一のターボリビルドメーカーである。

　VGターボは車両・エンジンの影響を受けやすい特性上「再発不具合」

が多く，2005年の新長期規制から本格採用されたエンジンのブローバイガス還元システムに起因したブリーザーからのオイル吸込み（白煙や炭化物堆積によりVGノズルの作動不具合等を引き起こす）に加え，電気系統の不具合（ハーネスの劣化・断線などによる通信／電圧不良等）の割合も増加しているという。

　このようにターボ関連不具合が複雑化する状況の中，同社独自の活動として，すべての返却コアを分解調査し，カラー画像付で損傷状態，不具合要因を報告する「返却コア調査サービス」の価値も高まっており，車両側の改善点がわかることで再発不具合の予防に寄与するものとして，ユーザーから好評を得ている。

　様々な業界でVGターボ需要が増加する中，TTSグループでは一層の作業効率と品質向上を目指し，各部署のリニューアルおよび作業部門の専門化，徹底した現場5S環境（整理・整頓・清掃・清潔・躾）の整備を推し進め，需要に対応している。

〈お問い合わせ〉

㈱ターボテクノサービス 東京本社 ☎(03)3758-3381

URL　http://www.e-tts.com

同社のリビルド工場「ターボテクノエンジニアリング」（埼玉県桶川市）。近年外装も一新された

←Garrett Motion社より売上成績優秀代理店賞を受賞（リビルド工場内のショールームに飾られている記念トロフィー）

→2017年からの三菱ふそうエアロクィーン／エアロエース現行モデルに搭載されている6S10エンジン用2ステージターボ（ボルグワーナー製）

# 「発車オーライクラウド」

**工房**

工房は貸切バス事業者向けの予約・運行管理システム「新発車オ〜ライ」を「発車オーライクラウド」にリニューアルした。これにより，インターネットにつながれば出先や自宅でも使用できるようになった。以下に特徴・機能などをご紹介する。

①車両ごとの予約が線で表示され，色により受注状況が区別できる「車両線引き」を大きな特徴とし，ひと目で仕事の進捗状況がわかる上に日付ごとにバスの必要台数も表示される。また車庫ごとの線引きがすぐに確認できるなど，表示画面を自由にカスタマイズできる機能は従来システムそのままに，予約の統計データをグラフ表示する機能や，カレンダー画面に社内スケジュール，お知らせなどを表示させるグループウェア機能も設けた。

②貸切バス事業者で生じやすい，他社へ仕事を依頼する「傭車」についても，「発車オーライクラウド」同士であれば従来の紙による「傭車依頼書」のやり取りがなくなり，オンラインでできるようになった。さらにGoogleMapを使用した見積機能も標準搭載した。

③オプションでスマートフォンから予約状況の確認ができる機能や，ドライバーのスケジュール確認ができる機能も用意されており，外出先からその場でバスを仮押さえすることも可能である。

〈お問い合わせ〉
㈱工房 本社 ☎(048)227-0555
URL https://www.khobho.co.jp

ホーム画面

線引き台帳（営業所ごとの線引き台帳）

統計データ（グラフ表示）

発車オーライクラウドの表示画面例

# バスロケーションシステム

**レシップ**

レシップは，従来品よりも機能を大幅に充実したバスロケーションシステムを発売した。利用者に対してバスの位置情報などの運行案内，接続するほかの交通機関との乗継情報の提供，また運行管理者（本社・営業所等）に対しては情報の拡充が図られた。以下にその特徴を掲げる。

①系統模式図表示，早発検知や非常検知など監視機能：管理者側のパソコン画面の地図上で，各ルートの車両位置や運行状況を確認できる。また車両ごとに早着遅延情報や停留所通過情報なども確認できる。

②メール，通話履歴や緊急発報履歴など実績紹介：車両とのメール送信履歴や通話履歴が確認でき，ファイル出力も可能である。車両が緊急地震速報を受信した場合や，「SOS」が発信された場合は，ホップアップ通知が表示される。

③テキストショートメールやVoIP（IP無線機）などコミュニケーションツールを用意。IP無線機により車両—営業所での音声のコミュニケーションが行える。また営業所から複数の車両への一斉送信も可能である。

④GTFS（標準的なバス情報フォーマット）との連携や，混雑度情報の提供など利用者向けサービスの拡充も可能である。

⑤編集機能も充実しており，停留所の移設や，路線の変更などが事業者側で容易に編集できる。

〈お問い合わせ〉
レシップ㈱ バス営業部 ☎(058)323-5037
URL https://www.lecip.co.jp

機能の拡充を図った
バスロケーションシステム

## スタッドレスタイヤ「BLIZZAK W989」　　　ブリヂストン

ブリヂストンは昨年9月1日，小型バス・トラック用スタッドレスタイヤ「BLIZZAK W989」を発売した。BLIZZAK W989は氷上性能を向上するとともに摩耗ライフの大幅な向上を図ったタイヤで，環境性能やユーザーのニーズ，潜在的な要求などへの対応を追求した同社の商品設計基盤技術「ENLITEN」（エンライトン）を採用している。

トレッド面のブロック形状と溝の配置を最適化し，接地面を増大した「ワイドステイブル配列」により氷上ブレーキ性能の向上を図った。またサイプ形状は端部の底上げ（浅い溝と深い溝）を互い違いに配置し，路面とのすべりを吸収し，すべり量を低減し摩耗ライフ性能を向上させた「スタッガードサイプ」を採用した。これらにより従来品「BLIZZAK W979」に対して，氷上ブレーキ性能を6％向上するとともに，摩耗ライフを15％向上した。

発売サイズは，205/85R16 117/115N，205/80R17.5 120/118N，215/70R17.5 118/116Nなど24サイズ。

〈お問い合わせ〉
㈱ブリヂストン
お客様相談室
☎(0120)39-2936
URL　https://www.
bridgestone.co.jp/

BLIZZAK W989

氷上性能の向上に寄与するワイドステイブル配列（図はいずれも従来製品W979との比較）

摩耗ライフ向上に寄与するスタッガードサイプ

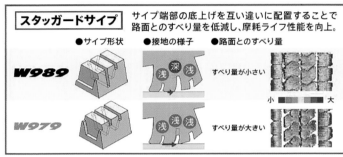

**スタッガードサイプ**　サイプ端部の底上げを互い違いに配置することで路面とのすべり量を低減し，摩耗ライフ性能を向上。

●サイプ形状　●接地の様子　●路面とのすべり量

W989　浅 深 浅　すべり量が小さい　小 ■■ 大
W979　浅 浅 浅　すべり量が大きい

**ワイドステイブル配列**　ブロック形状と溝の配置を最適化し，路面と接する部分を増やすことで高い氷上性能を発揮。

---

# 水の力で床材を切断加工──エムビーエムサービスの床材加工

エムビーエムサービス（MBMS）は三菱ふそうバス製造に隣接する地の利を生かして，バス製造に必要な部品供給や製造，加工，二次架装を手がけている。大型観光バスのオープントップ改造や大型化粧室搭載，リフト装着などの特別仕様対応，特に量産小型バスのローザの乗合仕様や園児バス製造には欠かせぬ存在である。バスの床材加工も一手に引き受けており，その加工に威力を発揮しているのがここにご紹介するウォータージェットカッタ。地元富山県滑川市のスギノマシンが開発した製品で，小径ノズルから噴射される350MPaの超高圧水が材料を選ばず高精度で切断する。熱が発生せず変形がなく，粉じんも無縁で作業環境にも優しい。30㎜の厚みでも加工できるというが，MBMSが導入したものは大型バス1台分に対応する従来にないロング仕様。この日はローザの標準的な床材を加工していたが，タイヤハウスや床面の点検蓋や内装部品の取付穴に至るまで，スピーディかつ自動で切断，作業終了後は1台分をまとめて組み立てラインに運ぶ。ちなみに性能的には数台分まとめて切断することは容易だが，切断箇所に入り込んだ微量の水を拭き取る手間を考えると1台ずつでも充分効率が高い。多品種少量生産のバスには最適なツールだという。

↑エムビーエムサービスで活躍するウォータージェットカッタNC．ウォータージェットカッタの開発製造では半世紀以上の実績があるスギノマシン製で，自動車床材用のマシンも受注するが，作業工程が10mに及ぶものは初めて納入したとのこと．加工作業には騒音が出たり火花が散るわけでもなく粛々と作業が進む．後方が車の前方，手前側では後輪タイヤハウス周辺の加工が完了している

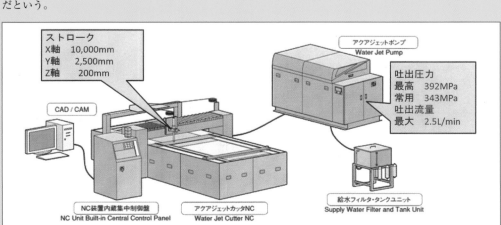

**ストローク**
X軸　10,000mm
Y軸　2,500mm
Z軸　200mm

CAD / CAM

アクアジェットポンプ
Water Jet Pump

**吐出圧力**
最高　392MPa
常用　343MPa
**吐出流量**
最大　2.5L/min

NC装置内蔵集中制御盤
NC Unit Built-in Central Control Panel

アクアジェットカッタNC
Water Jet Cutter NC

給水フィルタ・タンクユニット
Supply Water Filter and Tank Unit

←ウォータージェットカッタNCのシステム図．アクアジェットポンプの吐出流量は毎分2.5ℓ，意外と少ない．中央が加工作業用のテーブル．ストロークは長手方向10m，幅2.5mの「バス専用」サイズ．あらかじめ車両仕様を入力すれば自動で作業が進む．大型観光バスの多様な床材でも精度の高い加工が可能

# 2023 国内バスハイライト

## バステク

ぽると出版はバス業界向けの体験型バスイベント「2023バステクフォーラム」を5月17日に大阪・舞洲「空の広場」で，同じく「第9回バステクin首都圏」を12月1日にさいたま市営・桜木駐車場で開催した．いずれも車両や周辺機器・用品・システムなどの最新動向が実体験できる内容で，業界には欠かせない定例イベントに成長した

2023バステクフォーラムは28社が出展し，バスは試乗車4台・展示車13台が参加した．特別ゲストとして2022年に廃車体からフルレストアされた旭川電気軌道の3軸バス，1963年式三菱ふそうMR430（画面右）が遠路はるばる参加，道外への出張は今後予定されないこともあり，バスファンの注目も集めた

第9回バステクin首都圏は33社が出展し，バスは試乗車4台・展示車15台が参加した．話題の電気バスは国内で販売中の4車種が出揃うとともに，市販予定車や参考出品車も登場し過去最多の8台を数えた．また名鉄バスで実証実験中の車内転倒事故防止システム，高知駅前観光が開発した夜行バス用新型シートなども注目を集めた

Porte Publishing held the bus experiencing event Bus Tech at Osaka City in May of 2023 and Saitama City in December, respectively. Both have established to become the largest domestic events for bus operators. Exhibit of electric buses have become noteworthy at both events in recent years, but the fully restored 1963 Mitsubishi Fuso MR430 of Asahikawa Denki Kido made a special appearance from Hokkaido at the event held at Osaka, creating a major buzz. 2 photos above are from Bus Tech in Osaka City, while the one below is from Saitama City.

# お客様の稼働を止めない。

ブリヂストンは新たな社会価値・顧客価値を共創し、輸送業界を足元から支えていきます。

お客様のご要望に真摯に耳を傾け、
限られた時間内で最適なメンテナンスを
ご提案できるように心掛けています。

[サービス] 岡上 裕一

気軽に意見を交換できる環境づくりと、
自ら考え行動するためのスタッフ育成に
やりがいを感じています。

[店長] 山本 真太郎

運行業務に不具合が出ないように
常にスピードと正確性を意識した
きめ細やかなメンテンナンスを行います

[サービス] 鵜野 幸称

日々のタイヤ状態をしっかり把握して
的確なアドバイスやご提案を行うなど、
懇切丁寧な対応に努めています。

[営業] 酒井 望

「悪いものは流さない」を徹底し
ご利用いただくお客様の姿を思いながら
リトレッドタイヤを生産しています。

[サービス] 阿久澤 達也

お客様との信頼関係を長く築けるよう
安全・安心かつスムーズな作業手配
スケジュール管理を日々行っています。

[フロント] 木谷 友希

# 1990～1994年
# 読者が見た
# 全国のバス達

1990年8月に創刊したバスラマは2023年10月で創刊200号を迎えた。これを機に，創刊当初から1994年頃までの間に，読者の方々からお送りいただいた写真をご紹介する。創刊当初から数年間はカラーページが非常に限られており，これらの写真はカラー掲載の機会がなかったため，読者の方々には新たな発見もあるかと思う。30年前へのタイムトリップをお楽しみください。

Busrama which was first published in August of 1990 reached a milestone of 200 Issues in October of 2023. In connection with this fete, we will introduce to you the photographs of various buses which we had received from our readers back in years 1990 through approximately 1994. Please enjoy the buses of approximately 30 years earlier.

奈良県の吉野山山上と千本口を結ぶ吉野大峯ケーブルは1929年開業。現役のロープウェイでは日本最古とされるが，運営する吉野大峯ケーブル自動車はロープウェイと連絡する路線バスも運行している。1994年に撮影されたこのバスは1964年式のCOE車・いすゞBXD20Eで車体は安全車体。狭隘な山間路のための車種選択だが，平成初期に車齢30年とは異例の長寿車といえた。なお1980年代まではトヨタのボンネットバスFBをCOE化した特注車も現役で，バスラマ№190に現役当時の姿が紹介されている（An）

【写真撮影者】朝倉 博（HA），安藤貴志（An），板倉素明（MI），榎屋 徹（TE），岡部早朋（HO），加藤 洋（Ka），木村伸生（Ki），幸地 一（Ko），成田雅彦（MN），西川 崇（TN）

❶現在では山吹色のノンステップバスが多くを占める鹿児島市営バスが1989年まで採用した旧々塗装車。1985年式日産ディーゼルP-U32Lで，当時主力だった西工製58MC型の低床ボデーを架装する。1991年3月（MI）
❷鹿児島市や現霧島市などを地盤としていた林田産業交通は，1998年の経営破綻を機に岩崎グループの林田バスとなり，さらにいわさきバスネットワークを経て鹿児島交通に統合された。撮影時期の1993年頃は新車も定期的に採用されていたが，写真は1978年式日野RV731P／日野車体。当時全国各地で見られた，貸切車に中扉を加えて用途変更した一般路線車の一例である（TE）

❸鹿児島県の桜島は1973年から町政を敷いたが，2004年11月1日に鹿児島市に編入された。桜島町時代には町営バスも運行されたが，現在では鹿児島市交通局桜島営業所が担当する。写真は町営バス時代の1991年3月に撮影された古参車，1973年式日野RC320P／西工C型（MI）
❹1993年10月，鹿児島駅前を行く鹿児島交通の1992年式日産ディーゼルU-UA510LAN／富士重工。V8エンジンを積む高出力車で，「かごしま健康の森公園」のシャトルバスで稼働中。鹿児島駅は現在新幹線が乗り入れる鹿児島中央駅（旧西鹿児島駅）よりも規模は小さく，後方に映る市電の起点でもある（HO）

❶宮崎交通の1982年式日野ブルーリボン（K-RU606AA／日野車体）．当初RSを名乗った骨格構造の日野スケルトンがRUとして観光系全車に展開された初期の世代で，宮崎―熊本線「なんぷう号」から宮崎空港リムジンバスに用途変更された全長11.5m車．1993年7月撮影（HO）

❷熊本市交通局が1994年に採用したリフト付バスが同年8月，通町筋に停車中のシーン．ノンステップバス登場以前のバリアフリー対応バスの一例で，ツーステップバスの中扉部に車椅子の乗降に対応するステップリフトを装着していた．1994年式日野U-HU2MLAA改／日野車体（HO）

❸1992年11月3日に那覇交通が開設した那覇空港―首里城線の運行開始当日．首里城の復元完成による首里城公園の開園に伴うもので，専用のデザインが施された1982年式いすゞK-CDM410／川重が投入された（Ko）

❹大分バスの三菱ふそうMM104H（推定）／呉羽．大分バスは1990年代前半まで大型車幅・全長9m車を好んで採用し，貸切にも流用できるトップドア車も多か

った．1993年10月，竹田営業所で（HO）

❺1993年10月，三原市内に開港した広島空港の連絡バスから，広島駅方面を運行する5社のひとつ，広島バスの1993年式三菱ふそうU-MS726S／富士重工．現在に続く5社共通の外装デザインを持つ（Ki）

❻芸陽バスは広島空港開港にあたり，拠点の一つである東広島駅からも連絡バスを開設した．写真は高速車と共通の外装デザインを持つ1993年式日野U-HU3KLAA／日野車体で，一般路線との共用のようだ．1993年10月，広島空港（Ki）

❼京都府の丹後半島を拠点とする丹後海陸交通（丹海バス）の一般路線車・1977年式いすゞBU04D／川重．当時近畿圏で多かった前後式を採用している．1991年9月の撮影時点で最古参クラスというが，車齢を感じさせない美しさだ（MN）

❽兵庫県養父市に本社を置く全但バスはいすゞ車が主力で，一時期は9m車LTが目立ったが，写真はLTの前身であるK-EDM430／川重で，ルーフには箱型の通風機が4基並ぶ．登録番号は姫路22あ1376．1991年9月，豊岡駅で（MN）

❶2022年に阪急観光バスを合併のうえ同社名に改称した大阪空港交通の1993年式三菱ふそうU-MS729S／西工．当時の大阪空港交通では標準的な西工製ふそう車だが，貸切兼用なのかスーパーハイデッカーが選ばれており，ボデー型式はSD-Ⅰ型である．1993年5月，大阪空港で．右後方にその前年に登場した（新）C-Ⅰ型ハイデッカーが見える（HO）

❷多数のいすゞ車を使用する三重交通では1984年に発売されたLVキュービックの導入にあたり，メーカーカタログ車（黄／白）の黄色部分を緑に置き換えたデザインを採用した．写真は翌年採用された車番1596＝1984年式いすゞP-LV314L改／川重で，正面に白を加えアレンジしている．撮影は1990年1月だが，その後標準デザインに塗り替えられた（TN）

❸北陸鉄道は1980年代の終わりから1990年代にかけて地域分社を進めた．写真はその先駆けとして1989年に営業開始した能登中央バスが保有する三菱ふそうK-MP118M／三菱自工．1994年3月撮影．なお能登中央バスは2008年，グループ再編により北鉄奥能登バスとなり現在に至っている（Ka）

❹1983年に開園した東京ディズニーランドには，運営するオリエンタルランド傘下のオリエンタルランド交通がシャトルバスを運行開始した．写真はその時期に一括採用された日産ディーゼルK-U31N／富士重工で，同社の基本である3扉を採用するとともに，外装は京成グループ共通の観光バスデザイン・KaNaCカラーを採用した．後年一部が京成電鉄などに移籍したが，写真は東京ベイシティ交通に改称後の1993年，ホテルシャトルバスに稼働中の姿（MI）

❺1991年3月，JR成田駅における成田空港連絡の急行バス．同駅からは同年3月19日に成田空港駅までの空港支線が開業しているので，撮影はその直前であろう．車両はM334-88509の社号を持つJRバス関東の1988年式三菱ふそうP-MK517Jで，観光タイプのフロントマスクが特徴（MI）

❻現在のアルピコ交通長野支社である川中島バスは1984年に松本電鉄の傘下となった．撮影時の1990年4月には旧組織時代の車両も数多く稼働しており，写真は1970年式日野RC320／川重．川崎・川重製の日野長尺車は1960年代後半～1970年代の川中島バスの代表車の一つである．今はなき上田営業所で（MN）

❼1990年4月，松本電気鉄道本社営業所で，1973年式いすゞBU10／北村．1960～1970年代に松本電鉄と系列の諏訪バスに数多く導入された北村製いすゞ車の一例である．1992年にグループ名をアルピコに変更以降は，グループ統一のクリーム地のデザインに塗り替えられた車両もあった（MN）

❷立川バスの三菱ふそうエアロクィーンM（1991年式U-MS729SまたはSA／三菱自工）．当時のスーパーハイデッカーの最人気車種で，夜行高速路線でも多数活躍したが，写真はメーカーカタログ車と同じデザインを装う貸切車．1993年撮影（MI）

❸宮城交通が1989年開設の成田空港行夜行高速バス「ポーラスター」に採用した1989年式三菱ふそうエアロバス（P-MS725S／三菱自工）で，登録番号は「宮城22か5211」．運用の汎用性はないものの当時は一般的だった路線専用の特別デザインを施している．1993年撮影（MI）

❹西日本JRバスの1992年式いすゞスーパークルーザーUFC（U-LV771R／IKコーチ）．UFCは客席を車体最前部まで延ばし，2階建てバス並みの眺望を特徴としたスーパーハイデッカーだった．1993年撮影（HA）

❺日本の2階建てバスブームの火付け役だったネオプランの例で，日本向けに全長9mで2階建てを成立させたスカイライナーN122/2．1987または1988年式で，所有者は2019年に事業を終えた茨城県の日産観光である．1993年撮影（MI）

❻小田急バスの1993年式三菱ふそうエアロクィーンK（U-MS729S改／MMBM）．エアロクィーンKは2階建てバス・エアロキングと共通のスタイルを持つ低運転席スーパーハイデッカーで，貸切バスに高い人気を誇った．1993年撮影（HA）

❼首都圏―東北間の都市間バス事業者として歴史の長い東北急行バスの夜行高速車・1990年式いすゞP-LV719R／富士重工．東北急行バスが創業期から採用してきたいすゞと富士重工の組み合わせである．1991年6月撮影（HA）

❶1990年代初頭のスーパーハイデッカー貸切車から，群馬県の赤城観光の日野ブルーリボン・グランシアター（P-RU638BB／日野車体）．初代セレガの前身であるブルーリボン観光系のスーパーハイデッカーには標準的なグランデッカ，低運転席のグランジェット，そして後列になるにつれて着座位置が高まるシアターシートアレンジメントのグランシアターの3種類があり，1990年発売の初代セレガでは各々GD，GJ，GTと略称が使われた（MI）

❶名寄と士別を社名の由来とする名士バスの，1975年式日野RC320P／帝国．北海道中央バスから移籍車したというエアサス車．同社は1960年代に士別エリアを士別軌道に譲り，名寄エリアを主体に名寄本線代替バスなども運行したが，近年はデマンドバスを増やすなどしている．1991年7月撮影（MN）

❷2023年に創立110周年を迎えた新潟県の頸城自動車は，鉄道を廃止し現社名の頸城自動車に改めた1971年以降バス事業が主体となり，その後地域分社を増やしている．写真は1990年に撮影された「長岡22か27」の登録番号を持ついすゞBA20N／富士重工で，中型車並みのナローボデーの大型短尺車．年式は長岡ナンバー発足の1978年頃だろうか（MN）

❸室蘭を拠点とする道南バスは緑系のカラーリングで親しまれているが，旧塗装（白／青／ピンク系）のさらに一つ前，旧々塗装は京阪バスとほぼ共通の赤／白であった．1991年8月に室蘭東車庫で撮影された1981年式日野RC301／日野車体は，当時数少なくなった赤／白の一台（MN）

❹小樽駅付近を行く北海道中央バスの中型車・1983年式日野K-RR172AA／富士重工．純正の日野車体製が大多数を占めるレインボーRJ／RRだが，北海道中央バスは富士重工製を好んで採用した．1993年6月（MN）

❺石炭輸送を目的とした美唄鉄道のバス部門をルーツとする美鉄バス（旧三菱鉱業バス）は2002年3月末で使命を終えた．晩年は自社発注の前扉車のほか，道内外からの移籍車が在籍した．写真は首都圏から移籍した非冷房の1978年式三菱ふそうMP117M／三菱自工．1991年撮影（MN）

❻千歳空港（当時）で日本エアシステム（JAS）のグランドハンドリング業務を担当していた北海道エアーサービスが1991年に2台採用したランプバス，日産ディーゼルU-UA440NSN．当時の北海道では大変珍しい西工製で，偏平タイヤの都市型低床を基本にB型ボデーを架装，フロント1枚ガラスとしたもの．当時は札幌市内などではようやく標準的な低床車が導入され始めた時期で，除雪体制が整った空港内ならではの車両だった．写真は1994年7月，移転後の新千歳空港で．外装はJASの旅客機に準じていた（HO）

# 平和な時代の物見遊山

太平洋戦争前、バスは人々の憧れに応えていた

Buses are guaranteed to prosper only during times of peace. Introduced here are pamphlets of sightseeing buses of Tokyo, Osaka, Shiobara, Izu, and Manchuria right before the Pacific War. Even though Japan had been at war with China in 1937, people may not have been aware of the imminent war until around 1938.

①↗ ②↓

バスの発展には世の中の平和が欠かせないというコメントはバスラマ創刊号の巻頭言でも記したが，古今東西の歴史が示す真実でもある。ここにご紹介する遊覧バスのパンフレットは1930年代に東京，大阪，塩原，伊豆，さらには満洲で運行されていた遊覧バスのPR用で，駅や旅行代理店の店頭で配布されていたものである。1931年には上海事変が，1937年には日中戦争が始まり，1941年の太平洋戦争開戦に向けて時代は戦争に急傾斜するとともに，物見遊山は世情につぶされ，遊覧バスは運行中止を余儀なくされる。その復活は戦争終結後，人々が日常生活を取り戻すまで待つしかなかったが，1937〜1938年頃，庶民生活はまだ穏やかで，遊覧バスはそうしたニーズに応えていた。イラストのデザインや人々の服装などに見る時代性は本物だけに，見る人の眼を惹きつける。【資料提供：吉田季男氏】

①東京遊覧乗合自動車のパンフレット．運行は東京地下鐵道株式會社遊覧自動車課．東京初の定期遊覧バスとして1925年に営業開始した東京遊覧乗合自動車は，1928年には女性案内人を乗務させ黄色い塗装で目立つ存在となっていたが，1938年に国家総動員法が制定され，遊覧目的のバス事業は将来的な休止が通達されていてこれを前提に1938年4月には地下鉄（現在の東京メトロの前身）に買収されていた．イラストに描かれているのは1937年型ダイヤモンドTで東京乗合自動車（青バス）と同じ車種で黄色塗装．②は8時間で巡る帝都東京のコース．予約不要で乗客1人でも定期運行，乗車距離は80km，運賃は大人3円30銭，軍人・学生は2円70銭，昼食は指定場所で自由食（30銭〜40銭），弁当持参の場合はお茶の接待があった．③大阪乗合自動車株式會社が乗客に配布したと思われる大阪名所遊覧乗合自動車絵葉書4枚組の表紙と，④女性案内人が乗務し，⑤「乗り心地のよい‼ 大型高級展望車で大阪の名高い所は残らず一巡致します．毎日午前数回定期出発で運賃は大人弐圓八十銭」とある

省営自動車

# 塩原線案内

塩原から
鬼怒川へ

東京鐵道局

昭和12年10月

⑥省営自動車塩原線案内．昭和12（1937）年10月に東京鐵道局が発行した
B6判の冊子．本文20ページに写真20ページを挟んだ旅行ガイドブック
である．1930年に運行を開始した鉄道省営バスはJRバスのルーツであ
る．創業の目的に既設鉄道の短絡や補完，先行，培養などを掲げ全国に
路線を広げるが，1934年に十和田線，1937年の塩原本線，矢板線など，鉄
道の先の観光地への乗り入れも積極的で観光客誘致にも注力した．冊子
は冒頭2ページで省営自動車の概要紹介に続き，西那須野から塩原に至
る車窓や地元の歴史，風物が紹介され，周囲の温泉や宿泊施設のリスト
もある．⑦は塩原温泉の蓬莱橋を渡る省営バスのスミダ．よく見ると仮
ナンバーを付けているから営業運行前の撮影だろう．当時の最新鋭車で
世界水準の流線型のボデーが美しい．⑧は冊子の巻頭に織り込まれてい
る路線図．西那須野から塩原温泉，関谷から矢板間の省営バス路線は赤
の実線，破線は未開業線，塩原温泉が駅と表示されているところが省営
バスらしさ．西那須野から分岐する東野鐵道も描かれている

↑⑥
↖⑦
←⑧

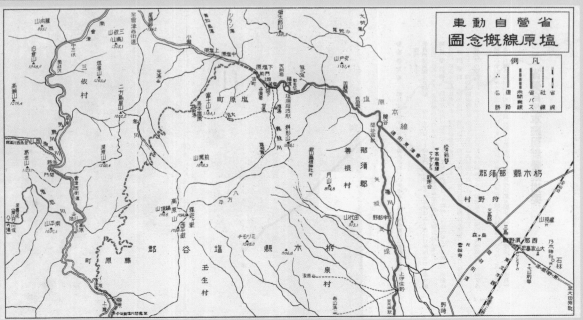

省営自動車
塩原線概念圖

凡例

## 西那須野鹽原古町間運轉時刻表

### 鹽原方面行（下リ）

| 驛名＼便名 | 1 | 51 | 53 | 3 | 5 | 7 | ※9 | 11 | ※13 | 15 | 17 | 19 | 21 |
|---|---|---|---|---|---|---|---|---|---|---|---|---|---|
| 上野發 | 宇都宮行5.56 | 宇都宮行5.56 | … | 5.35 | 7.25 | 8.48 | 10.00 | 10.20 | … | 0.05 | 1.30 | 2.05 | 5.10 |
| 列車接續 | 下7.03 | 下7.03 | 上8.29 | 9.05 | 10.51 | 下0.01 | 下0.35／0.32 | 1.38／1.24 | 上2.23 | 3.21 | 下上4.34／4.15／4.39 | 下5.35 | 8.02／8.01 |
| 西那須野發 | 7.08 | 7.25 | 8.50 | 9.10 | 10.56 | 0.07 | 0.40 | 1.43 | 2.29 | 3.26 | 4.45 | 5.40 | 8.07 |
| 關谷宿〃 | 7.28 | 7.45 | 9.30 | | 11.16 | 0.27 | 1.00 | 2.03 | 2.49 | 3.46 | 5.05 | 6.00 | 8.27 |
| 鹽原大綱〃 | 7.43 | | 9.45 | | 11.31 | 0.42 | 1.15 | 2.18 | 3.04 | 4.01 | 5.20 | 6.15 | 8.42 |
| 鹽原福渡〃 | 7.55 | | 9.57 | | 11.43 | 0.54 | 1.27 | 2.30 | 3.16 | 4.13 | 5.32 | 6.27 | 8.54 |
| 鹽ノ湯口〃 | 8.00 | | 10.02 | | 11.48 | 0.59 | 1.32 | 2.35 | 3.21 | 4.18 | 5.37 | 6.32 | 8.59 |
| 鹽原古町著 | 8.03 | | 10.05 | | 11.51 | 1.02 | 1.35 | 2.38 | 3.24 | 4.21 | 5.40 | 6.35 | 9.02 |

### 西那須野方面行（上リ）

| 驛名＼便名 | 2 | 4 | 6 | 8 | 10 | 12 | ※14 | 16 | ※18 | 60 | 20 | 62 | 22 | ※64 |
|---|---|---|---|---|---|---|---|---|---|---|---|---|---|---|
| 鹽原古町發 | 7.25 | 8.40 | 10.23 | 11.30 | 0.20 | 1.19 | 2.16 | 3.12 | 4.20 | | 5.05 | | 6.55 | |
| 鹽ノ湯口〃 | 7.28 | 8.43 | 10.26 | 11.33 | 0.23 | 1.22 | 2.19 | 3.15 | 4.23 | | 5.08 | | 6.58 | |
| 鹽原福渡〃 | 7.35 | 8.50 | 10.33 | 11.40 | 0.30 | 1.29 | 2.26 | 3.22 | 4.30 | | 5.15 | | 7.05 | |
| 鹽原大綱〃 | 7.45 | 9.00 | 10.43 | 11.50 | 0.40 | 1.39 | 2.36 | 3.32 | 4.40 | | 5.25 | | 7.15 | |
| 關谷宿〃 | 8.00 | 9.15 | 10.58 | | 0.15 | 1.54 | 2.51 | 3.47 | 4.55 | 5.16 | 5.40 | 6.31 | 7.30 | 8.31 |
| 西那須野著 | 8.20 | 9.35 | 11.18 | | 0.25 | 1.15 | 2.14 | 3.11 | 4.07 | 5.15 | 5.34 | 6.00 | 6.51 | 7.50 | 8.47 |
| 列車接續 | 上8.30 | 上9.45 | 上11.30 | | 上0.38／下0.35 | 上1.25 | 上2.24 | 下3.21 | 4.15／4.40／4.41／7.34／7.05 | 下5.35 | 5.35 | 6.09 | | 上8.03／下8.02 |
| 上野著 | 11.40 | 1.00 | 2.46 | | 4.04 | 4.15 | | | | | 9.25 | | | 11.17 |

## 矢板關谷宿間運轉時刻表

### 關谷方面行（上リ）

| 驛名＼便名 | 50 | 52 | 54 | 56 | 58 | 60 | 62 | ※64 |
|---|---|---|---|---|---|---|---|---|
| 上野發 | 5.35 | 7.25 | 8.45 | 10.20 | 0.05 | 1.30 | 2.05 | 5.10 |
| 列車接續 | 下8.42 | 10.38 | 下11.43 | 12.27 | 3.05 | 下4.16／4.32 | 5.16 | 7.46 |
| 矢板發 | 8.45 | 10.38 | 11.49 | 1.25 | 3.09 | 4.37 | 5.54 | 7.50 |
| 泉元町〃 | 8.55 | 10.48 | 11.59 | 3.19 | 4.47 | 6.04 | 8.00 |
| 上伊佐野〃 | 9.03 | 10.56 | | 1.44 | | | | |
| 關谷宿著 | 9.22 | 11.15 | 0.26 | 2.02 | 3.46 | 4.14 | 6.31 | 8.27 |
| 自動車接續 | 9.30 | 11.16 | 0.27 | 2.03 | 下3.46／3.47 | 下上7.30 | 下8.27／8.27 | |

### 矢板方面行（下リ）

| 驛名＼便名 | 51 | 53 | 55 | 57 | 59 | 61 | 63 | ※65 |
|---|---|---|---|---|---|---|---|---|
| 自動車接續 | | | | | | 上3.47／3.46 | 上4.59／5.05 | |
| 關谷宿發 | 7.45 | 9.10 | 11.00 | 0.07 | 1.55 | 3.50 | 5.07 | 6.53 |
| 上伊佐野〃 | 8.04 | 9.29 | 11.19 | 0.26 | 2.14 | 4.09 | 5.26 | 7.12 |
| 泉元町〃 | 8.12 | 9.37 | 11.27 | 0.34 | 2.22 | 4.17 | 5.34 | 7.20 |
| 矢板〃 | 8.21 | 9.46 | 11.36 | 0.43 | 2.31 | 4.26 | 5.43 | 7.29 |
| 列車接續 | 上8.44／下8.45 | 上1145／F1146 | | 上0.51 | 2.38 | 4.32 | 6.22 | 下7.47／上8.16 |
| 上野著 | 11.40 | 1.00 | 2.46 | 4.04 | 5.39 | 7.34 | 9.25 | 11.17 |

注意　※ハ５月１日ヨリ11月30日マデス 60便（關谷宿、西那須野間）ハ12月１日ヨリ４月30日マデ運轉ス
表中細字ハ午前曲太字ハ午後ノ時刻ヲ示ス

## 鹽原線旅客運賃表

| 驛名＼驛賃名 | ◎矢板 | 矢板壽町 | 矢板上町 | 下太田町 | 泉元町 | 田野原 | 上伊佐野 | 宇都臺 | 金澤臺 | 明神坂 | ◎鹽原古町 | 鹽原福渡 | 鹽原大綱 | 猿岩橋 | 回顧橋 | 入勝橋 | 關谷宿 | 千本松 | 三島農場 |
|---|---|---|---|---|---|---|---|---|---|---|---|---|---|---|---|---|---|---|---|
| ◎西那須野 | 73 | 70 | 68 | 65 | 60 | 55 | 53 | 43 | 38 | 30 | 50 | 50 | 50 | 40 | 38 | 23 | 15 | 5 | 5 |
| 三島農場 | 68 | 65 | 63 | 60 | 55 | 53 | 48 | 25 | 43 | 45 | 45 | 45 | 40 | 35 | 33 | 28 | 23 | 10 | |
| 千本松 | 58 | 55 | 53 | 50 | 45 | 43 | 38 | 23 | 15 | 38 | 35 | 33 | 28 | 25 | 23 | 18 | 13 | | |
| 關谷宿 | 43 | 43 | 40 | 38 | 33 | 30 | 25 | 15 | 10 | 5 | 25 | 23 | 20 | 15 | 13 | 10 | 5 | | |
| 入勝橋 | 50 | 45 | 45 | 40 | 38 | 35 | 30 | 20 | 8 | 20 | 15 | 10 | 8 | 5 | | | | | |
| 回顧橋 | 55 | 53 | 50 | 45 | 48 | 43 | 35 | 20 | 13 | 15 | 16 | 13 | 10 | 5 | 5 | | | | |
| 猿岩橋 | 58 | 55 | 53 | 45 | 45 | 43 | 38 | 23 | 16 | 20 | 13 | 8 | 5 | | | | | | |
| 鹽原大綱 | 60 | 58 | 55 | 53 | 45 | 43 | 45 | 40 | 30 | 8 | 10 | 8 | 5 | | | | | | |
| ◎鹽原福渡 | 68 | 63 | 60 | 58 | 53 | 50 | 45 | 30 | 23 | 5 | 5 | | | | | | | | |
| 鹽ノ湯口 | 65 | 65 | 63 | 60 | 55 | 50 | 45 | 35 | 33 | 25 | 5 | | | | | | | | |
| ◎鹽原古町 | 68 | 65 | 63 | 60 | 55 | 53 | 50 | 40 | 35 | 30 | | | | | | | | | |
| 明神坂 | 43 | 40 | 38 | 30 | 28 | 23 | 13 | 8 | | | | | | | | | | | |
| 金澤臺 | 35 | 33 | 30 | 28 | 23 | 20 | 15 | 5 | | | | | | | | | | | |
| 上伊佐野 | 20 | 18 | 15 | 13 | 8 | 5 | | | | | | | | | | | | | |
| 泉元町 | 13 | 10 | 8 | 5 | | | | | | | | | | | | | | | |
| 矢板上町 | 5 | 5 | | | | | | | | | | | | | | | | | |
| 矢板壽町 | 5 | 5 | | | | | | | | | | | | | | | | | |

備考　◎印ハ驛員配置驛ニシテ一般運輸營業ヲ爲ス
鐵道運賃
　上野・宇都宮間　　1.59圓
　上野・矢板間　　　2.03
　上野・西那須野間　2.16
　宇都宮・矢板間　　.52
　宇都宮・西那須野間 .68

⑨塩原本線（上）と矢板線（下）の時刻表　ほぼすべての便で鉄道列車との連絡を意識したダイヤである．午後は太字表記で24時間制ではない．右は塩原線の旅客運賃表．最短区間で５銭，西那須野駅―塩原古町間は50銭，所要時間は55分．ちなみに上野―西那須野間の鉄道運賃は２円16銭，所要時間は３時間半である

⑩伊豆半島の東海自動車が「修学旅行の栞」として発行した２つ折り印刷物．熱海や伊東，修善寺より先の道路は未発達で熱海―下田港間は３時間35分を要した．バスは日本自動車製の特別車体を架装したフォード1935年型の正面がわずかに姿を見せる

伊豆半島（修學旅行の栞）東海自動車

官幣大社三島神社
西海岸の富士
蜜柑の實り
開國の史蹟下田港

東海バス路線案内

御照會は
静岡縣伊東町
● 東海自動車株式會社營業部　電話伊東 401／437
● 全國主要驛鐵道案内所
● 全國ジャパンツーリストビユーロー案内所

満洲の観光バス案内の表紙（左）と裏表紙．下は大連観光バスの案内ページ．路面電車は日本が整備したといわれる

一連の資料の中では最も希少と思われるのが「満洲の観光バス案内」だろう。大連都市交通，新京交通，哈爾濱交通，奉天交通4社の共同発行で，昭和15（1940）年1月30日旅順要塞司令部許可済という表記もある。満洲は中国東北部一帯だが，もともとロシアの租借地を日露戦争の勝利で租借権が日本に移り，満洲事変を機に日本軍が占領，満洲国を建国した。日本にとって満洲は豊富な資源を有する新天地で異国文化にふれられる地域でもあり，様々なインフラ整備が進められていた。これらの観光バスは日露戦争の史跡を訪ね石炭産出の現場や欧州風の街並みなどを巡る内容で，観光案内人が付くものが多い。

旅客はあくまでも様々な目的で満洲を訪問していた日本人か現地在住の日本人で，案内も日本語で行われたはず。運賃も日本円と等価である。使用車両は満洲の首都，新京観光バスのモデルの背景に姿を見せるだけだが，ヨーロッパ型の流線型で1枚片開きドアを持っている。満洲には省営バスも国鉄の鉄道車両も多数が送られたが，おそらく観光バスはヨーロッパからの輸入車であろう。ただ民生デイゼルが戦後間もなく，自社製品として紹介した中に，ドイツに学んだスタイルのバスがあり，鐘ヶ淵デイゼルの時代に満洲向けに同様のスタイルを製作したものであったとも考えられ興味深い。なお満洲国は太平洋戦争の結終と共に崩壊し，ソ連に占拠された後に中国人民共和国に返還される。これらの日本人が運営した観光バスがいつまで運行できたのだろうか。ちなみにこれまでご紹介した各地の「遊覧バス」に対して「観光バス」という表示が目を引く。現在一般名称の観光バスは戦後，国内のバス事業者のネーミングと伝えられることがあるが，戦前既に使われていたことが示されている。

## 各地の観光バス案内

親切明朗ガイドガール説明案内付

**旅順戦跡バス**
運行期間・年中無休
乗車場・旅順市乃木町営業所
発車時間・午前9時半・正午
午後2時半（3回発）
所要時間・4時間
料　金・大人　1圓50錢
　　　　小人　1圓75錢
申込場所・大連常盤線交通會社
旅順乃木町営業所

**大連観光バス**
運行期間・自三月至十一月
乗車場・常盤線自動バス待合所
発車時間・午前9時半
所要時間・6時間
料　金・大人　80錢
　　　　小人　80錢
申込場所・常盤線交通會社
ツーリスト・ビューロー

**撫順見學バス**
運行期間・自三月一日至十一月
乗車場・撫順駅前
発車時間・午前9時（2回発）
午後1時
所要時間・3時間
料　金・大人　1圓50錢
　　　　小人　75錢
申込場所・撫順駅前バス發車場

**哈爾濱観光バス**
運行期間・自四月一日至十一月
乗車場・観光協会前・駅前
発車時間・午前10時
午後2時（2回発）
所要時間・4時間
料　金・大人　2圓50錢
　　　　小人　1圓50錢
申込場所・哈爾濱観光案内所
ビューロー・観光協会

**新京観光バス**
運行期間・年中無休
乗車場・新京駅前
発車時間・午前9時
午後1時半（2回発）
所要時間・3時間
料　金・大人　1圓
　　　　小人　1圓
申込場所・新京駅前
観光協会案内所

**奉天観光バス**
運行期間・自三月一日至十一月
乗車場・奉天駅前
発車時間・午前9時・10時
午後1時半・2時
料金・甲大人　2圓50錢
　　　甲小人　1圓25錢
　　　乙大人　1圓50錢
　　　乙小人　75錢
申込場所・駅前　交通會社
（甲・乙コース）

ハルピン　新京　奉天　撫順　旅順　大連

唯一バスの外観写真が掲載されている．ドイツ型の流線型観光バスに見える

## 新京觀光バス

SINKYO BUS SIGHTSEEING CAR

新京交通株式會社

# 国内バスの動向

本項では2022年10月から2024年1月にかけての国内バスを巡る動きをバスラマ掲載記事を中心に紹介する。内容は『年鑑バスラマ2022⇒2023』の続きである。

【凡例】
● ［　］内数字の196〜201は掲載号を示す。
● 「／」は共同事業者，共同運行事業者を示す。
● 路線記事中の「USJ」はユニバーサル・スタジオ・ジャパン，「TDR」は東京ディズニーリゾート，「TDL」は東京ディズニーランドの略。
● デマンドバス・デマンド交通の「デマンド」は事例により「AIオンデマンド」「オンデマンド」とも表記されるが，本項では「デマンド」に統一した。
● 車両記事中の「BDF」はバイオディーゼル燃料の略。
● 電気バスの新車は一覧表で掲載した。
● 写真解説文末のアルファベットは撮影者(104ページ参照)

## 運行・路線の話題

■一般路線，小規模需要路線（実証実験運行を含む），観光路線など。文末の（　）は運行事業者

### 2022年10月

23日　つちうらMaaS推進協議会，一般路線バスなどを補完する公共交通の実証実験を2023年3月まで実施。期間前半はグリーンスローモビリティ，後半は小型バスで運行。［196］

### 2022年11月

7日　新潟県燕市，市内循環バス「スワロー号」で貨客混載による農産物配送の実証実験を30日まで実施（越佐観光バス）。［195］

### 2022年12月

22日　台風15号の被害で全線運休中だった大井川鉄道のうち金谷—家山間の復旧に伴い，代行バスが家山—千頭間に短縮。併せて家山→川根温泉ホテル間の臨時代行バスが運行開始（大鉄アドバンス）。［196］

### 2023年1月

4日　横浜市交通局，都筑区内で乗客定員12人の小型バスによる，フリー乗降区間を伴う路線を新設。［196］

10日　南海電気鉄道／南海バス／大阪府堺市／双日，泉北ニュータウン地域でデマンド交通の実証実験を3月10日まで実施。システムはアイシン製で予約はウェブまたは電話。定員8人のワゴン車を使用。［196］

20日　神戸市と住民組織の西須磨コミュニティバス実行委員会，須磨駅周辺でコミュニティ交通を9月30日まで実験運行。車両はワゴン車を使用（スターハイヤー）。［196］

27日　静岡市，『どうする家康』の大河ドラマ館と静岡市歴史博物館を結ぶ無料シャトルバスを2024年1月28日まで運行（しずてつジャストライン）。［197］

28日　中部運輸局観光部，公共交通の利便性向上と観光周遊促進を目的に浜松駅—篠城址前間の「浜松新城リレー号」を2月18日まで運行（遠州鉄道／豊鉄バス）。［196］

### 2023年2月

1日　大阪府豊能町／阪急バス／京都タクシー，専用スマホアプリまたは電話で予約するデマンド交通を同町内で28日まで実験運行。乗客定員8人のワゴン車を使用。［196］

16日　栃木県壬生町，公共施設や大型商業施設を含む公共交通空白地帯でコミュニティバスの運行を開始。乗客定員12人の小型バスを使用（ティ・エイチ・エス）。［195］

25日　水戸市観光課，3月11日までの特定日にオープントップ2階建てバスによる無料の「観光漫遊バス」を運行（JRバス関東）。［197］

### 2023年3月

1日　川崎鶴見臨港バス，川崎駅—水江町間で連節バスによる「KAWASAKI BRT」を運行開始。［196・197］

1日　東急バス，世田谷区宇名根・喜多見地区の循環2路線の昼間帯をデマンド運行に切り換え。予約はネットまたは電話。［200］

4日　神姫バス／マルアイ，「たつの市コミュニティバス」で農産物をマルアイ店舗に搬送する貨客混載を開始（ウイング神姫）。［197］

14日　北海道バス，千歳相互観光バス，エルム観光バス，北海道ボールパークFビレッジ（エスコンフィールド）開業に伴い，同施設と周辺駅や新千歳空港を結ぶシャトルバスを30日までに順次開設。［197］

16日　東急トランセ，渋谷周辺で2階建てオープントップバスによる定期観光「SHIBUYA STREET RIDE」の運行を開始。［197］

25日　群馬県昭和村，村内の関越交通の既存路線を日中のみデマンド運行化。予約は専用アプリまたは電話，定員14人の小型バスを使用（関越交通）。［197］

### 2023年4月

1日　福岡県宇美市，2023年2月から試験運行されていたデマンドバス「のるーと宇美」を本格運行化。予約は専用アプリ，電話，LINEを使用，車両は乗客定員8人のワゴン車を使用（木村タクシー／合屋タクシー）。［198］

1日　京成グループの東京BRT，プレ2次運行に移行し路線延長とルート新設。運行主体は京成バスから東京BRTに移行。［197］

1日　神奈川中央交通，東京・新宿→横浜・保土ヶ谷・東戸塚・上永谷・港南台・大船間の深夜急行バス大船線を廃止。［197］

1日　神姫バス，六甲山・北播磨エリアのサイクリストに向けた自転車積載サービスを三宮—吉川間で開始。［197］

3日　松江市，「八束コミュニティバス」をデマンドバス「まつえのるーと」に刷新。予約は専用アプリまたは電話で，ICカード・クレジットカードにも対応。車両は定員8人のワゴン車を使用（いやタクシー）。［198］

29日　山交バス，山形駅前—蔵王刈田山頂間を10月22日まで季節運行。［198］

29日　茨城交通／関東自動車，「奥久慈おでかけ快速バス・那須塩原—常陸大子ライン」の実証運行を開始。［198］

### 2023年5月

1日　東京都世田谷区，祖師谷大蔵駅南側でデマンド交通「予約制乗合ワゴン」の実証運行を開始。予約は専用アプリまたは電話，乗客定員8人のワゴン車を使用する（東急バス）。［198］

23日　愛媛県今治市，2023年2月1日に運行開始したデマンド型乗合タクシー「mobi」のエリアを拡大。予約は専用アプリまたは電話（河南タクシー／さわやか／延喜タクシー）。［198］

### 2023年6月

1日　Osaka Metro，北港・南港エリアで大阪・関西万博の工事関係者を対象とした通勤バスを，2025年2月28日までの予定で運行開始（大阪シティバスほか）。［198］

1日　近鉄バス，八尾・東大阪・寝屋川の3市を結ぶ路線長17.1kmの萱島線を2分割化。定時性維持が目的。［198］

23日　山梨交通，「南アルプス登山バス」2路線を11月5日まで季節運行。［198］

### 2023年7月

1日　小田急バス，東急バスとの共同運行で平日109回の約半数を担当する渋谷—成城学園前間から撤退。［197］

3日　東急バス，東京都大田区内でデマンド交通2ルートの実証実験運行を2024年6月30日まで実施。予約はネットまたは電話，乗客定員12人の小型バスを使用。［199・200］

14日　北海道拓殖バス，新得—トムラウシ温泉間を，9月16日からは同じく帯広—トムラウシ間を，各々10月9日まで季節運行。［198］

15日　北陸鉄道，金沢駅発着の「金石・大野周遊シャトルバス」を9月10日まで運行。［199］

15日　倶知安観光協会とニセコリゾート観光協会，ニセコ町内で「ニセコスカイバス」を9月3日まで運行（ニセコバス／道南バス）。［200］

16日　東京BRT，虎ノ門ヒルズ—国際展示場間を平日44.5回とほぼ2倍に増便。［199］

16日　九州産交バス，熊本市内—阿蘇くまもと空港間リムジンバスの増回に伴い特別快速便「空港特快バス」10回を新設。［199］

16日　産交バス，熊本地震により運休していた南阿蘇鉄道高森線の復旧に伴い代行バス「南郷ライナー」の運行を同日限りで終了。［199］

17日　仙台市，震災遺構を含む海岸地帯を巡回する「海手線リバイバルループバス」を8月20日まで運行（タケヤ交通）。［199］

### 2023年8月

1日　愛媛県／松野町／Community Mobility／松野タクシー／伊予吉野生タクシー，松野町

4月1日にプレ2次運行に移行し路線延長した東京BRTは，7月16日から虎ノ門ヒルズ—国際展示場間をほぼ2倍に増便した．国際展示場で

仙台市はタケヤ交通に委託し，7月17日～8月20日に市内の海浜地帯を巡回する「海手線リバイバルループバス」を運行．左手は震災遺構荒浜小学校【AN】

内でデマンド交通の実証実験運行を12月31日まで実施。予約は専用アプリまたは電話，車両はワゴン車を使用。[200]

9日　JTB静岡支店，静岡市内で「スカイバス」によるツアーを13日まで実施（静鉄ジョイステップバス）。[200]

14日　東大阪市／Community Mobility／梅田タクシー，同市内東部地域でデマンド交通の実証実験運行を2024年7月31日まで実施。傾斜地での持続可能な交通システムの構築などが目的で，予約は専用アプリまたは電話，乗客定員6人のワゴン車を使用。[200]

27日　JRバス関東と関東自動車，26日の宇都宮ライトレールの開業に伴い宇都宮・芳賀地区の路線を再編。[199]

### 2023年9月

1日　じょうてつ，札幌市南区内の藤野循環バスの利用者減少を受け，デマンド交通「チョイソコふじの〜る」の実証運行を2025年8月31日まで実施。予約はウェブまたは電話，乗客定員8人のワゴン車を使用する。[200]

15日　東急バス，横浜市青葉区内のデマンド交通実証実験運行に参加。車両はワンボックス小型バス，予約はLINEのみ。[200]

16日　東濃鉄道／名鉄バス，名古屋—馬籠・妻籠間を11月26日まで季節運行。[200]

16日　ミヤコーバス，「栗駒山紅葉号」を10月9日までの土休日に運行。[200]

23日　なの花交通バス／みちのりホールディングス，台場—東京都心を結ぶ「東京ひとめぐりバス」（TOKYO LOOP）の運行を開始。[200]

28日　JR九州，豪雨で被災した日田彦山線の一部を転換した「BRTひこぼしライン」を運行開始（JR九州バス／日田バス）。[199・201]

30日　京阪京都交通，京都・長岡京—美山間の秋季運行を12月1日まで実施。[200]

### 2023年10月

1日　愛知県南知多町，コミュニティバス「海っ子バス」2路線と知多乗合の1路線を統合・再編（レスクル）。[200]

1日　名古屋市観光文化交流局，市内観光周遊バス「なごや歴史満喫バス」を11月5日までの土休日に運行（名古屋市交通局）。[200]

1日　宮城県名取市，コミュニティバス「なとりん号」を再編するとともに，キャッシュレス決済導入。またデマンド交通「なとりんくる」の実証実験運行を開始（大新東）。[200]

2日　川崎市のKAWASAKI新モビリティサービス実証実験協議会，デマンドバス「のるーとKAWASAKI」の実証実験運行を12月15日まで川崎区内で実施。車両は乗客定員8人のワゴン車（川崎鶴見臨港バス）。

3日　JR東日本／西武ホールディングス／長野県軽井沢町，デマンド交通「よぶのる軽井沢」の3回目の実証実験運行を2024年3月31日まで実施。地域住民・別荘所有者が対象で予約は電話またはネット。ワゴン車など4台を使用する（JRバス関東／西武観光バス／軽井沢観光／ますや交通／松葉タクシー）。[201]

14日　ミヤコーバス，「鳴子峡・中山平紅葉号」を11月15日まで運行。[200]

### 2023年11月

1日　岐阜乗合自動車，JR岐阜駅—柳ヶ瀬—岐阜市役所—JR岐阜駅間の中心部ループ線を廃止。ドライバー不足が主要因。[201]

### 2023年12月

1日　北海道中央バス，ドライバーの乗務時間短縮などを目的に札幌圏の一般路線バス590便を見直し，札幌市営地下鉄駅までの短縮化，空知・小樽地区を含む減便などを実施。[201]

### 2024年1月

21日　長電バス，ドライバー不足により長野市内の13路線を日曜日運休化。

### ■都市間高速路線（事業者名・区間の順）
### ○開設・運行再開
### 2022年10月

20日　広栄交通，大宮—ふかや花園プレミアム・アウトレット間。[195]

### 2022年12月

10日　JR東海バス，名古屋—休暇村越前三国間（実証実験。2023年2月12日まで）。[196]

### 2023年2月

20日　名鉄バス／北陸鉄道，名古屋—金沢間。[196]

23日　近鉄バス，なんば・大阪・京都—池袋・大宮間。[196]

### 2023年3月

1日　五稜バス，成田空港—軽井沢プリンスホテルウエスト間。[197]

17日　しずてつジャストライン，藤枝・静岡—横浜・TDL間。[197]

### 2023年4月

1日　沿岸バス，羽幌—旭川間。[197]

1日　名鉄バス／東濃鉄道，名古屋—馬籠・妻

籠間（季節運行）。[197]

1日　近鉄バス，なんば・大阪—ネスタリゾート神戸間。[197]

1日　九州産交バス，熊本・阿蘇くまもと空港—阿蘇山上ターミナル間。[197]

14日　東急トランセ／東京空港交通，羽田空港—新宿（東急歌舞伎町タワー）間，成田空港—同間。[197]

14日　京阪バス／南海りんかんバス，京都駅八条口—高野警察前（金剛峯寺北）間。11月26日までの季節運行。[197]

14日　千葉内陸バス，羽田空港—豊洲（ラビスタ東京ベイ）間。[198]

### 2023年5月

1日　岩手県交通，水沢—仙台間。[198]

1日　相鉄バス，海老名—御殿場プレミアム・アウトレット間。[198]

### 2023年7月

1日　淡路交通／みなと観光バス，南あわじ—徳島空港間（2024年3月31日まで）。[200]

8日　立川バス，立川—御殿場間。[199]

14日　成田空港交通／宮城交通，成田空港・西船橋・東京—仙台・松島海岸間。[199]

14日　東急トランセ／アルピコ交通／京王バス，渋谷・二子玉川—上高地間（10月29日まで）。[199]

14日　東急トランセ／西武観光バス／富山地方鉄道，東京—立山(室堂)間（8月31日まで）。[199]

14日　近鉄バス・北日本観光自動車，USJ・京都—小松・金沢間。[199]

15日　富士急モビリティ，河口湖—御殿場プレミアム・アウトレット間。[199]

20日　大新東，津田沼・東京—南草津・大阪・USJ間。[199]

20日　関東鉄道／関東観光バス／茨城交通，成田空港—大洗・茨城県庁間，成田空港—常総・下妻・筑西間（12月20日まで）。[199]

21日　WILLER EXPRESS／伊豆箱根バス／東海バス，新木場・羽田空港・横浜—三島間。[199]

22日　JR東海バス，名古屋—休暇村越前三国間（本格運行。11月26日まで）。[199]

### 2023年8月

20日　関東バス，西武柳沢・吉祥寺・高井戸—横浜・八景島シーパラダイス間。[200]

### 2023年9月

1日　アイビーエス，東京—修善寺温泉間（12月31日まで）。[199]

1月31日，羽田空港第3ターミナルに直結した「羽田エアポートガーデン」が開業，施設内のバスターミナルが運用を開始した．高速バス・長距離バスの新たなハブとしての成長が期待されている

15日　大阪バス，大阪—神戸空港間。［200］
16日　しずてつジャストライン，清水・静岡—京都・大阪間（11月26日までの週末）。［200］
30日　京阪京都交通，京都—美山間。［201］
2023年10月
1日　遠州鉄道，掛川—中部国際空港間〈再開〉。［200］
1日　名鉄バス，名古屋—中部国際空港間〈再開〉。［200］
5日　大新東，京都・大阪・神戸—山口・福岡間。［200］
2023年11月
16日　JRバス東北，TDL・東京—盛岡・青森間〈再開〉。［201］
20日　関東バス／関越交通，吉祥寺—渋川・草津温泉間。［201］
24日　羽後交通／関東バス，新宿・東京—田沢湖間〈再開・延長〉。［201］
2023年12月
1日　富士急静岡バス，富士宮—東京間〈再開〉（2024年2月29日まで）。［201］
1日　神姫バス，関西空港—加古川・姫路間〈再開〉。［201］
7日　大新東，津田沼・東京・町田—京都・大阪・USJ間。［201］
9日　フジエクスプレス／相鉄バス，横浜駅西口—さがみ湖プレジャーフォレスト間（2024年

1月7日まで）。［200］
16日　関西空港交通／奈良交通，関西空港—奈良間〈再開〉。［201］
〇廃止・休止
2022年11月
1日　近鉄バス／山交バス，大阪—山形間。［196］
2022年12月
1日　茨城交通／関東自動車，水戸—宇都宮間。［195］
1日　京成バス／フジエクスプレス，秋葉原—御殿場プレミアム・アウトレット間，津田沼・西船橋—同間。［195］
2023年1月
9日　日本交通／日の丸自動車，鳥取—福岡間。［196］
2023年3月
1日　京浜急行バス，横浜（YCAT）—東京ビッグサイト間。［197］
27日　神奈川中央交通／小湊鐵道，相模大野・町田—木更津・三井アウトレットパーク木更津間。［197］
27日　東京バス／小湊鐵道，赤羽・王子—三井アウトレットパーク木更津間。［197］
27日　東京バス，横浜・六本木—高崎・伊香保間。［197］
28日　東京バス，横浜・六本木・王子—仙台間。

［197］
2023年4月
1日　西鉄バス北九州，北九州—別府・大分間。［196］
1日　小田急ハイウェイバス／中国JRバス，東京・新宿—広島間。［197］
1日　新潟交通観光バス，新潟—巻潟東インター駐車場間。［197］
1日　阪急観光バス／新潟交通，大阪・京都—新潟間。［197］
1日　西日本JRバス／中国JRバス，富山・金沢・福井—岡山・広島間。［198］
1日　西日本JRバス，TDL・東京—富山・金沢間。［198］
1日　北港観光バス，大阪—神戸ネスタリゾート間。［198］
1日　さんようバス，広島—蒲苅・豊島間。［198］
17日　大阪バス，大阪空港—和歌山間。［198］
29日　Dts creation，八潮—草津温泉間。［197］
2023年5月
13日　富士急静岡バス，静岡—富士急ハイランド・河口湖間。［198］
2023年6月
1日　富士急静岡バス，東京—富士・富士宮間。［198］
1日　阪急観光バス／淡路交通，大阪—津名・洲本間。［198］
1日　阪急観光バス／備北バス，大阪—新見・三次間。［198］
2日　近鉄バス，久宝寺・八尾—京都間。［200］
2023年10月
1日　奈良交通，奈良—横浜・上野・TDR間。［200］
1日　京成バス／奈良交通，津田沼・TDR・上野—奈良・天理間。［200］
2日　近鉄バス，京都・大阪・神戸—長崎間。［200］
23日　京阪京都交通，園部—美山間。［201］
2023年11月
5日　岩手県交通，水沢・北上—仙台間。［201］
2023年12月
1日　JR四国バス，徳島・高松・高知—富山・金沢・福井間（運休路線の正式廃止）。［201］

## 新サービス，新システム，施設など

2023年1月
23日　札幌観光バス，北海道への旅行者が旅程を作成できるウェブサービス「たびポス」を開始。［196］
24日　奈良交通，定期観光バス車内で周遊地の上空からの映像や情報などを盛り込んだVRコンテンツが視聴できる「VR体感コース」を設定。［196］
27日　大阪バス，JR西日本が発行するICカード「ICOCA」の利用を開始。［196］
30日　WILLER MARKETING，バス乗車時・旅行中のケガやバス運休等に対応する国内旅行傷害保険の加入年齢を，20歳から18歳に引き下げ。［196］
31日　羽田空港第3ターミナルに直結した複合施設「羽田エアポートガーデン」開業に伴い，首都圏発着の都市間高速バス・空港連絡バス・深夜急行バスの一部が同所バスターミナルに順

次乗り入れ。［196・197］
2023年2月
25日　弘南バス，Suicaと相互利用できる地域連携ICカード「MegoICa（メゴイカ）」の利用を開始。［196］
28日　東京バス沖縄営業所，1カ月と3カ月の通勤定期券のモバイルチケットを発売。［197］
2023年3月
1日　東急バス／東急トランセ／三井住友カード／レシップなど，大崎・大井町—羽田空港間でVisaのタッチ決済の実証実験を開始。共同運行の京浜急行バス（既に一部路線に導入済）も同区間を含めて利用路線を拡大。［197］
1日　十勝バス，とかち帯広空港連絡バスの停留所22カ所のうち14カ所をスマートバス停化。航空機の欠航などに伴う運休情報なども表示する。［198］
6日　九州産交バス／産交バス，阿蘇くまもと

空港連絡路線で同空港新旅客ターミナル開業に合わせ，Visaのタッチ決済を開始。また九州産交バス／ヤマト運輸は3月23日〜31日，空港利用者の手荷物を路線バスで輸送し，宿泊施設に当日中に配送する「手ぶら観光サービス」の実証実験を実施。［197］
7日　西東京バス／三井住友カード／レシップなど，青梅・福生—羽田空港間でVisaのタッチ決済の実証実験を開始。［197］
13日　名阪近鉄バス，一般路線でスルッとKANSAI発行のICカード「PiTaPa」の利用を開始。［196］
25日　防長交通，一般路線でJR西日本発行のICカード「ICOCA」の導入を開始。［197］
25日　堀川バス，西鉄系ICカード「nimoca」の利用を開始。［197］
25日　川崎鶴見臨港バス／日東交通／小湊鐵道／東京湾横断道路サービス／三井住友カード，

北海道上士幌町が2022年12月1日に定期路線として運行開始したレベル2の自動運転バス．車両は町が購入したナヴィヤ・アルマ【YS】

東急と東急バスが3月7～13日に川崎・横浜市内で行った一般参加の自動運転モビリティ実証実験．タジマ製小型車を使用，遠隔監視による運行管理も行われた

川崎―木更津間の高速バスにVisaのタッチ決済を導入．[197]

31日　国際興業，羽田空港連絡バス2路線でVisaのタッチ決済の実証実験を開始．[197]

### 2023年4月

1日　岡山県津山市，「ごんごバス」でJR西日本発行のICカード「ICOCA」の利用を開始（中鉄北部バス）．[197]

1日　本四バス開発，全路線でJR西日本発行のICカード「ICOCA」の利用を開始．[197]

1日　湖国バス，指定区間外やグループの近江鉄道線などにも対応する「バスICOCA定期券」を導入．[198]

10日　奈良交通／三井住友カード／小田原機器など，奈良市内循環線でVisaタッチ決済の実証実験を2年間の予定で開始．[197]

11日　両備グループ，岡山発の高速バス2路線で他社への乗り継ぎを含めた一括予約・決済を行うウェブサービス「コネモビ」を開始（2023年9月1日に適用路線拡大）．[198]

26日　広島電鉄／広島バス／広島交通／芸陽バス／中国JRバス／三井住友カード／JCB，広島空港リムジンバスでVisa・JCBのタッチ決済を開始．[197]

27日　南国交通，鹿児島空港連絡バスでVisaを対象に行うタッチ決済を，JCB，American Express，Diners Club，Discoverの各カードに拡大．[198]

### 2023年5月

10日　アルピコ交通／丸紅，キャッシュレス決済の効率化を目的に，長野―松本間の高速バスで顔認証システムの実証実験を7月14日まで実施．[198]

31日　新潟交通／越後交通／頸城自動車／蒲原鉄道／アイ・ケーアライアンス／三井住友カード／JCB，県内高速バス8路線でVisaならびにJCBのタッチ決済の実証実験を開始．[197]

### 2023年6月

5日　大阪シティバス／日野自動車，乗車口付近の事故防止および乗車する利用者の見落とし防止を目的とした安全確認支援システムの実証実験を25日まで実施．[198]

5日　京阪バス／SPACECOOL㈱，放射冷却素材SPACECOOLを使用して夏季のバス車内温度上昇の抑制を目指す実証実験を開始．[199]

19日　中国JRバス／一畑バス，広島―出雲間，広島―高松間の高速バスでロードバイク（長距離走行向き自転車）の積み込みサービスの実証実験を11月30日まで実施．[199]

### 2023年7月

1日　阪東自動車，「スマホ1日乗降フリー乗車券」を11月30日まで発売．[200]

1日　紀の川市教育委員会，LINEでスクールバスの現在位置を保護者などに，当日のバス利用の有無をドライバーに伝える「モークル」の運用を開始（運行：和歌山バス那賀）．[199]

10日　西日本鉄道／ニモカ／西鉄エム・テック／三井住友カード，博多駅―福岡空港間とFukuoka BRTでタッチ決済の実証実験を2024年3月31日まで実施．対象カードはVisa，JCB，American Express，Diners Club，Discover，銀聯の各クレジットカード．[199]

15日　京浜急行バス／川崎鶴見臨港バス，横浜発着の短距離高速路線でVisaとJCBのタッチ決済を開始．[199]

15日　新潟交通／越後交通／頸城自動車／蒲原鉄道／アイ・ケーアライアンス，県内高速路線「ときライナー」が1日乗り放題の「ときライナーPASS 2023」を11月18日までの土休日を対象に発売．購入はスマホアプリから．[199]

### 2023年8月

1日　とさでん交通・県交北部交通，高知東部交通の一部路線を含めたバス・路面電車一日乗車券をモバイルチケット化し，ジョルダンのスマホアプリで販売開始．[199]

3日　東日本旅客鉄道千葉支社，銚子地区で自治体／千葉交通／京成タクシー成田／銚子電気鉄道の参加による地域・観光型MaaS「EeeE銚子」を2024年3月31日まで実施．[200]

### 2023年9月

1日　宇和島バス，スマホタッチ支払いによる「宇和島バスおでかけスマホパス」の運用を開始．[200]

### 2023年10月

1日　熊本都市バス／九州産交バス・産交バス／熊本バス／熊本電気鉄道，独占禁止法特例法に関する共同経営計画の変更認可を申請し，熊本市内中心部の一部区間に均一運賃（180円）を導入．[200]

## 自動運転の話題

### 2022年12月

1日　北海道上士幌町，小型自動運転バスのナヴィヤ・アルマを採用し，レベル2による町内循環バスの定期運行を開始．[196]

10日　広島県呉市，先進モビリティのBYD J6による，公道での自動運転の実証実験を12月13日まで実施．[196]

18日　Osaka Metro，2025年大阪・関西万博会場への来場者輸送を見据えた自動運転の実証実験を12月～2023年1月に実施．レベル4とレベル2の各小型バスを使用し，12月18～21日は一般向け試乗体験も実施．[196]

### 2023年1月

18日　東京都港湾局，臨海副都心で自動運転体験イベントを2月6日まで実施．公道区間は先進モビリティのBYD J6，公道外ではナヴィヤ・アルマを使用．[196]

21日　京成バス／損保ジャパン／アイサンテクノロジー／建設技術研究所／埼玉工業大学／東海理化，千葉県の幕張新都心で埼玉工業大学の中型バスによる自動運転の実証実験を22日まで実施．[196]

23日　京王電鉄バス・京王バス／日本モビリティ／日本ペイント・インダストリアルコーティングスなど，新宿―都庁循環路線で自動運転レベル2の実証運行を2月26日まで実施．車両は日本モビリティの日野ポンチョ．[196]

26日　愛知県日進市，BOLDLY／名鉄バス／セネック／マクニカ／名城大学と連携して日進市役所―日進駅間でナヴィヤ・アルマを使用した自動運転レベル2の公道走行実験を2月28日まで実施．[198]

### 2023年2月

1日　岩手県陸前高田市，高田松原復興祈念公園で自動運転の実証実験を3月5日まで実施．車両は定員10人のタジマ製（9月8日～30日に市街地を含めた2回目を実施）．[197・200]

10日　NTTコミュニケーションズ／アイサンテクノロジーなど，愛知県の自動運転社会実装モデル事業の一環として，愛・地球博記念公園で埼玉工業大学の中型バスを使用した自動運転の実証実験を2月14日まで実施．[196]

### 2023年3月

2日　石川県小松市／BOLDLY／ティアフォー／アイサンテクノロジー／損害保険ジャパン，

西鉄グループなどが12月に行った自動運転バスの実証実験．北九州空港（写真）—JR朽網駅前間をいすゞエルガがレベル2で走行した【TM】

名阪近鉄バスが6月に導入したソーラーパネル付の路線バス．ルーフに最高時250kWの発電能力を持つパネルを3枚備え，電力は室内灯などに使用する【Ya】

小松駅—小松空港間でレベル2による自動運転の実証実験を20日まで実施．車両はタジマGSM8。［197］

7日　東急と東急バス，川崎・横浜市内で遠隔監視型でレベル2の自動運転の実証実験を13日まで実施．車両は定員8人のタジマ製。［197］

18日　日本工営／マクニカ／芙蓉総合リース／芙蓉オートリース，栃木県足利市の中心部で自動運転の実証実験をナヴィヤ・アルマを使用し27日まで実施．試乗希望者を募りJR足利駅—東武足利市間などを走行。［197］

### 2023年6月

27日　西日本鉄道／福岡国際空港，同空港内での2回目の自動運転の実証実験を8月10日まで実施．車両は前回同様いすゞエルガがベースで，雨天時の自動走行などを初検証。［199］

30日　北海道当別町／マクニカ，ロイズタウン駅周辺でナヴィヤ・アルマを使用した自動運転の実証実験を7月17日まで実施。［199］

30日　WILLER／BOLDLY，東京・臨海副都心エリアでナヴィヤ・アルマを使用した自動運転の実証実験を7月9日まで実施。［199］

### 2023年7月

12日　西武バス，先進モビリティ／日本ペイント・インダストリアルコーティングス／NEC／NECネクサソリューションズと連携し，飯能周辺で同エリアでは2回目の自動運転の実証実験を21日まで実施．自動運転が正常に作動する環境条件の特定が目的で，先進モビリティ

の中型バスがレベル2で走行。［199］

### 2023年8月

29日　電気計測機器メーカーのHIOKIとマクニカ，上田市／上田バス／上田電鉄／千曲バスの参画を得て上田市内で自動運転の公道実証運行を9月9日まで実施．マクニカのシステムと同社販売のナヴィヤ・アルマを使用。［200］

### 2023年9月

2日　苫小牧市，BOLDLYのナヴィヤ・アルマによりMaaS構想の実現に向けたレベル2の自動運転の公道走行実験を実施．同日と3日は「苫小牧未来フェスト2023」会場周辺，9月20日〜10月17日は苫小牧駅前—ぷらっとみなと市場間を走行。［200］

21日　栃木県，奥日光のシャトルバス路線（赤沼車庫—千手ケ浜間）で自動運転の有償運行を10月4日まで実施．車両は先進モビリティのBYD J6で，GPSが届きにくい森林地帯に対応するターゲットラインペイントの施工や磁気マーカー敷設によりレベル2で運行。［200］

### 2023年10月

2日　京王バス／埼玉工業大学ほか，新宿—都庁循環路線で自動運転レベル2の実証運行を13日まで実施．車両は同学の中型バス。［200］

20日　佐賀県／佐賀市，佐賀駅周辺で自動運転の走行実証・体験会を26日まで実施．車両は日野ポンチョがベース．公共交通機関の維持と住民のバス利用喚起が目的。［201］

23日　KAWASAKI新モビリティサービス実証

実験協議会，埼玉工業大学の中型バスにより川崎鶴見臨港バスの一般路線ルートで自動運転の実証実験を27日まで実施。［200］

### 2023年11月

7日　JR西日本／東広島市，自動運転と隊列走行技術を組み合わせたBRT実証実験を西条駅—広島大学東広島キャンパス間で開始。［201］

20日　WILLER／ティアフォー，自動運転化による新しい移動サービス実現への取り組みの端緒として，秋田県大館市主催の大館版自動運転移動サービス推進協議会に参画し自動運転の実証実験を30日まで実施。［201］

25日　岐阜市，市内中心部で自動運転バス2ルートの定期運行を2028年3月31日までの予定で開始．LINEまたは電話による予約制，運賃無料で車両はナヴィヤ・アルマを使用。

30日　豊田市／先進モビリティ／東海理化ほか，豊田市中心部で一般の試乗者が参加する自動運転レベル2の実証運行を12月28日まで実施．BYD J6を使用し豊栄交通が協力。

### 2023年12月

1日　富士山南東スマートフロンティア推進協議会（三島市／裾野市／長泉町／清水町で組織），三島駅—下土狩駅間で自動運転の実証実験を4日まで実施．定員8人の小型車を使用し約440人が乗車体験。［201］

11日　西鉄グループ／A-Driveほか，北九州空港—朽網駅間の公道でいすゞエルガを使用した自動運転レベル2の実証実験を22日まで実施。

## 車両の話題《電気バスの新車は別表に記載》

### 2023年1月

25日　東京都交通局，ユーグレナ製の次世代型BDF「サステオ」を58台に採用。［196］

### 2023年2月

14日　はとバス，ユーグレナ製の次世代型BDF「サステオ」を3月末まで定期観光車1台に採用。［197］

### 2023年3月

1日　川崎鶴見臨港バス，川崎市内の通勤路線で日野連節バス6台を運行開始。［196］

15日　トヨタコースター／日野リエッセII，トヨタ製エンジンを搭載し販売再開。［197］

27日　日野自動車，セレガハイデッカ（9ℓエンジン車）の販売再開を発表。［197］

31日　西東京バス／日の出町，同日をもって国内唯一のトレーラーバスの運行を終了。［197］

3月中　大新東，東京都内の2営業所にトヨタSORAを送迎用として5台配置。［197］

3月中　山梨交通，色味が変化する特殊ラッピングを施工した貸切バスを運行開始。［197］

### 2023年4月

1日　名古屋市交通局，基幹バス路線でトヨタSORA・1台を運行開始。［197］

1日　神戸市交通局，トヨタSORA・1台を運行開始。［197］

25日　JRバス東北，福島駅発着の一般路線でトヨタSORA・1台を運行開始。［197］

4月中　西日本鉄道，自転車18台が搭載できる貸切車「CYCLE CARGO」を運行開始。［197］

### 2023年5月

30日　トヨタ自動車／日野自動車，ダイムラートラック／三菱ふそうトラック・バス，日野と

三菱ふそうの経営統合に関する基本合意を発表．経営統合完了は2024年中。［198］

### 2023年6月

1日　西日本鉄道，ユーグレナ製の次世代型BDF「サステオ」を11月30日まで福岡空港連絡バス1台に使用。［198］

9日　西日本鉄道，使用過程のディーゼル車をベースに西鉄車体技術で改造したレトロフィット電気バス2台を運行開始。［198・199］

6月中　名阪近鉄バス，ルーフにソーラーパネルを装備した一般路線車を運行開始。［199］

### 2023年7月

19日　ZMP，自動運転用の小型電気バス「RoboCar Mini EV Bus」の新モデルを発表。［199］

### 2023年8月

1日　東武バス日光，廃食油由来のBDFを5％

混合した軽油を路線バスに使用し12月31日まで実証運行。[199]

8月中　東急バス，横浜市内での2024年4月運行開始を目標に日野連節バス6台の導入を開始（2023年末まで3台登録）。[201]

### 2023年9月

21日　日野ブルーリボンハイブリッド／いすゞエルガハイブリッド，改良。[200]

### 2023年10月

25日　いすゞ，エルガEVのプロトタイプをジャパンモビリティショーで発表。[201]

### 2023年11月

10日　しずてつジャストライン，トヨタSORA・1台を採用。[201]

15日　昭和自動車，トヨタSORA・1台を採用し九州大学乗り入れ路線で運行開始。

28日　CJPTによるトヨタコースターFC仕様がBRT「ひこぼしライン」で運行開始。[201]

11月中　中日臨海バス，東京都内の送迎用にトヨタSORA・1台を採用。[201]

### 2023年12月

1日　アルファバスジャパン，バステクin首都圏で新モデルの小型車L6を発表。[201]

20日　アルテック，カルサンe-JESTを発売。

22日　西鉄車体技術，福岡モビリティショーで日野デュトロZ EVをベースにした小型電気バスのプロトタイプを発表。[202]

## 事業者の話題

●茨城交通，子会社の電鉄タクシーを合併。〈2023年4月1日〉[197]

●豊鉄バス，豊鉄観光バスを合併。〈2023年4月1日〉[197]

●東京空港交通，リムジンパッセンジャーサービスを吸収合併。〈2023年4月1日〉[198]

●神戸フェリーバス，乗務員不足で貸切事業を一時休止。〈2023年4月1日〉[200]

●京都市交通局，2024〜2028年度の管理の受委託の受託事業者として，京都バス・西日本JRバス・近鉄バス・阪急バス・エムケイ観光バスを選定。〈2023年4月26日〉[198]

●長崎県営バス，矢上営業所を東長崎営業所に移転・改称。〈2023年5月1日〉[198]

●山梨交通，塩山営業所内に「YK塩山タクシー」を設立。〈2023年6月1日〉[199]

●東急バス，子会社の東急トランセを2024年4月1日に吸収合併することを発表。〈2023年7月31日〉[200]

●磐梯東都バス，事業を廃止。路線は会津乗合自動車が継承。〈2023年10月1日〉[198]

●金剛自動車（富田林市），事業を廃止。路線は南海バス，近鉄バス，自治体などが継承。〈2023年12月21日〉[200・201]

### 2023年の営業用電気バス〈新車〉導入実績（本誌調べ．導入主体が受託先の場合もある）

| 運行事業者 | 車種 | 車型 | 全長 | 台数 | 運行路線・エリア等 | 運行開始 | 掲載号 |
|---|---|---|---|---|---|---|---|
| 伊予鉄バス | EVM-J | F8シリーズ2 | 10.5m | 1 | 松山市内 | 2023.1.26 | 196 |
| 南海バス | BYD | J6 | 7m | 2 | 大阪狭山市「市循環バス」 | 2023.2.1 | 196 |
| ジェイアールバス関東 | BYD | J6 | 7m | 1 | 小諸市コミュニティバス（市内循環線） | 2023.2.7 | |
| しずてつジャストライン | アルファバス | L10 | 10.5m | 1 | 静岡市内 | 2023.2.13 | 197 |
| エムケイ観光バス | BYD | K8 | 10.5m | 1 | 京都市内の送迎貸切 | 2023.2 | 196 |
| 東急バス | EVM-J | F8シリーズ4 | 7m | 2 | 渋谷区「ハチ公バス」 | 2023.3.1 | 196 |
| 北海道バス | BYD | K8 | 10.5m | 5 | Fビレッジシャトルバス | 2023.3.12 | 197 |
| 越後交通 | アルファバス | L10 | 10.5m | 2 | 長岡市内「くるりん」 | 2023.3.19 | 197 |
| 宮城交通 | EVM-J | F8シリーズ4 | 7m | 2 | 仙台都心循環バス「まちのり『ちょこっと』withラプラス」 | 2023.3.21 | 197 |
| 奈良交通 | BYD | J6 | 7m | 2 | 奈良市内「ぐるっとバス」ほか | 2023.3.21 | 197 |
| 近鉄バス | BYD | K8 | 10.5m | 5 | 東大阪市内・大阪市内ほか | 2023.3.27 | 197 |
| 阪急バス | BYD | K8 | 10.5m | 4 | 彩都西―千里中央間 | 2023.3.27 | |
| 西東京バス | BYD | K8 | 10.5m | 3 | 五日市営業所・青梅支所管内 | 2023.3.29 | 197 |
| 京浜急行バス | BYD | J6 | 7m | 2 | 上大岡発着　岡村・泉谷循環線 | 2023.3.31 | 197〜 |
| 西表島交通 | BYD | K8 | 10.5m | 1 | 一般路線（豊原―白浜間） | 2023.3 | 196 |
| 那覇バス | EVM-J | F8シリーズ2 | 10.5m | 1 | 那覇市内 | 2023.3 | 197 |
| 神奈川中央交通西 | BYD | K8 | 10.5m | 2 | 平塚営業所管内（平塚駅―横浜ゴム食堂間ほか） | 2023.3 | 198 |
| フジエクスプレス | EVM-J | F8シリーズ4 | 7m | 2 | 港区「ちぃバス」芝ルート | 2023.3本格運行 | 197 |
| 富士急グループ(*1) | EVM-J | F8シリーズ2 | 10.5m | 4 | 4社各1台 | 2023.4以降順次 | |
| おんたけ交通 | BYD | J6 | 7m | 1 | 木曽町内自治体受託路線 | 2023.4.1 | 198 |
| 三岐鉄道 | BYD | K8 | 10.5m | 1 | 四日市市内 | 2023.4.3 | 198 |
| 西武バス | BYD | K8 | 10.5m | 2 | 新座営業所管内 | 2023.4.7 | 197 |
| 京阪バス | BYD | K8 | 10.5m | 5 | 門真営業所管内 | 2023.4.8 | 198 |
| 新潟交通 | BYD | K8 | 10.5m | 2 | 新潟駅―新潟空港間 | 2023.4.14 | |
| 大新東 | EVM-J | F8シリーズ2 | 10.5m | 2 | 横浜市内一般路線 | 2023.4.19 | 198 |
| 東武バス日光 | アルファバス | L10 | 10.5m | 1 | 赤沼車庫―千手ヶ浜間シャトルバス（日光自然博物館より運行受託） | 2023.4.22 | |
| 三重交通 | BYD | J6 | 7m | 2 | 伊勢市「おかげバス」 | 2023.4.28 | 198 |
| 阪神バス | BYD | K8 | 10.5m | 2 | 尼崎市内・西宮市内ほか | 2023.5.1 | 198 |
| 朝日自動車 | BYD | J6 | 7m | 1 | 鴻巣市「フラワー号」 | 2023.5.2 | 199 |
| 東武バスウエスト | BYD | J6 | 7m | 1 | 新座市「にいバス」 | 2023.5.8 | 198 |
| 新日本観光自動車 | EVM-J | F8シリーズ4 | 7m | 1 | 足立区「はるかぜ」 | 2023.5.14 | 198 |
| 伊丹市交通局 | アルファバス | L10 | 10.5m | 1 | 伊丹駅―大阪国際空港間 | 2023.5.15 | 198 |
| 日立自動車交通 | BYD | K8 | 10.5m | 2 | 一般路線「晴海ライナー」 | 2023.5.21 | 198 |
| 関東鉄道 | BYD | K8 | 10.5m | 2 | 守谷営業所管内 | 2023.6.1 | 198・199 |
| 北九州市交通局 | EVM-J | F8シリーズ4 | 7m | 2 | 若松区内ほか | 2023.6.26 | 199 |
| 大阪シティバス | EVM-J | F8シリーズ2 | 10.5m | 2 | 酉島営業所管内 | 2023.7 | 199 |
| Osaka Metro | EVM-J | F8シリーズ2 | 10.5m | 21 | 送迎貸切（大阪シティバスに運行委託） | 2023.8.22 | 200 |
| 九州旅客鉄道 | BYD | J6 | 7m | 4 | 日田彦山線BRT「ひこぼしライン」（JR九州バス・日田バスに運行委託） | 2023.8.28 | 199・201 |
| イーグルバス | | オノエンスターEV | 10.5m | 1 | 城西大学スクールバス | 2023.9 | |
| 東京富士交通 | | オノエンスターEV | 7m | 1 | 埼玉県川越市ほか | 2023.9.1 | |
| 琉球バス交通 | EVM-J | F8シリーズ4 | 7m | 4 | 名護市街地周辺コミュニティバス「なご丸」 | 2023.9.17 | |
| 知多乗合 | BYD | J6 | 7m | 1 | 大府市「ふれあいバス」 | 2023.10.1 | 201 |
| 知多乗合 | BYD | J6 | 7m | 2 | 東海市「らんらんバス」 | 2023.10.6 | 201 |
| 会津乗合自動車 | BYD | J6 | 7m | 3 | 会津若松市内「あかべぇ」ほか | 2023.10.27 | 201 |
| 名鉄バス | BYD | J6 | 7m | 1 | 長久手市「N-バス」（試験的運行） | 2023.10(*2) | 198 |
| 京都バス | アルファバス | L10 | 10.5m | 1 | 洛北，嵐山 | 2023.12.23 | |
| 小田急バス | BYD | K8 | 10.5m | 2 | 武蔵境営業所管内 | 2023年度中(*3) | 201 |

*1：富士急バス・富士急湘南バス・富士急シティバス・富士急モビリティ，　*2：登録は2023.3，　*3：登録は2023.11

## 2022年度の一般乗合バス事業（保有台数30台以上）の収支状況

The Balance Sheet Of The Regular Route Bus Operators (With More Then 30 Buses For The Fiscal Year Of 2022)　（単位：億円）

| 民営・公営の別 | 収 入 | 支 出 | 損 益 | 経常収支率（％） | 事 業 者 数 黒 字 | 事 業 者 数 赤 字 | 事 業 者 数 計 |
|---|---|---|---|---|---|---|---|
| 民営 | 5,033 | 5,709 | △676 | 88.2 | 34(28) | 178(173) | 212(201) |
| 公営 | 1,287 | 1,528 | △242 | 84.2 | 0(0) | 16(16) | 16(16) |
| 計 | 6,320 | 7,237 | △917 | 87.3 | 34(28) | 194(189) | 228(217) |
| 大都市 | 4,079 | 4,302 | △223 | 94.8 | 28(22) | 48(43) | 76(65) |
| その他地域 | 2,242 | 2,936 | △694 | 76.4 | 6(6) | 146(146) | 152(152) |
| 計 | 6,321 | 7,238 | △917 | 87.3 | 34(28) | 194(189) | 228(217) |

注：1. 高速バス，定期観光バスおよび限定バスを除く
　　2. （　）内の数字は，2以上のブロック（地域）にまたがる事業者について，その重複を除いた結果の事業者数を示す
　　3. 大都市（三大都市）とは，千葉，武相（東京三多摩地区，埼玉県，神奈川県），京浜（東京特別区，三鷹市，武蔵野市，調布市，狛江市，横浜市，川崎市），東海（愛知県，三重県，岐阜県），京阪神（大阪府，京都府〈京都市を含む大阪府に隣接する地域〉，兵庫県〈神戸市と明石市を含む大阪府に隣接する地域〉）

資料：国土交通省

## 乗合・貸切バス輸送状況の推移　Ridership Of Route And Chartered Bus

| | 年度 | 免許事業者数 | 車両数（両） | 実動率（％） | 許可キロ（km） | 総走行キロ（千km） | 実車率（％） | 輸送人員（千人） | 営業収入（百万円） |
|---|---|---|---|---|---|---|---|---|---|
| 乗合バス | 1950 | 303 | 17,714 | 80.0 | 89,688 | 491,240 | − | 1,357,702 | 19,922 |
| | 1960 | 347 | 44,912 | 83.7 | 152,475 | 1,680,671 | 94.9 | 6,044,498 | 118,578 |
| | 1970 | 359 | 67,911 | 84.7 | 190,881 | 2,935,122 | 94.2 | 10,073,704 | 368,914 |
| | 1980 | 355 | 67,142 | 85.9 | 177,310 | 2,909,759 | 92.7 | 8,096,622 | 971,369 |
| | 1990 | 377 | 64,972 | 85.7 | 282,841 | 3,038,390 | 91.7 | 6,500,489 | 1,193,909 |
| | 2000 | 444 | 58,348 | 83.9 | 304,023 | 2,896,959 | 90.5 | 4,803,040 | 1,050,944 |
| | 2010 | 1,640 | 59,195 | 82.0 | 420,757 | 2,676,546 | 88.2 | 4,158,180 | 929,762 |
| | 2019 | 2,321 | 61,542 | 77.5 | 588,329 | 3,036,374 | 86.3 | 4,257,648 | 934,496 |
| | 2020 | 2,337 | 57,914 | 71.3 | 581,917 | 2,479,010 | 83.8 | 3,120,552 | 575,856 |
| | 2021 | 2,377 | 56,457 | 72.5 | 613,652 | 2,472,286 | 85.3 | 3,308,771 | 743,338 |
| 貸切バス | 1950 | 312 | 1,112 | − | − | 20,190 | − | 12,284 | − |
| | 1960 | 442 | 8,277 | 69.0 | − | 264,635 | 85.0 | 128,229 | 24,838 |
| | 1970 | 559 | 18,017 | 63.1 | − | 739,061 | 85.5 | 180,989 | 115,416 |
| | 1980 | 755 | 21,326 | 64.8 | − | 980,422 | 82.8 | 203,692 | 391,040 |
| | 1990 | 1,206 | 29,858 | 67.3 | − | 1,571,311 | 81.4 | 255,762 | 702,876 |
| | 2000 | 2,864 | 40,200 | 58.0 | − | 1,628,838 | 80.0 | 254,714 | 509,908 |
| | 2010 | 4,492 | 47,452 | 50.2 | − | 1,297,575 | 78.6 | 300,049 | 433,422 |
| | 2019 | 4,004 | 48,008 | 40.2 | − | 1,145,772 | 76.0 | 274,584 | 527,652 |
| | 2020 | 3,789 | 45,026 | 22.2 | − | 443,701 | 71.8 | 141,291 | 217,520 |
| | 2021 | 3,589 | 43,649 | 26.6 | − | 508,282 | 71.4 | 158,404 | 251,961 |

（右ページに続く）

## バス生産台数／新規登録・届出台数／保有台数（各年末現在）／輸出台数

Number Of Buses Manufactured/Newly Registered/Units Sold Buses Owned (At the end of the various fiscal years)

| 年 別 | 生 産 台 数 大 型（30人乗り以上） | 生 産 台 数 小 型（29人乗り以下） | 生 産 台 数 計 | 生 産 台 数 前年比（％） | 販 売 台 数 大 型 | 販 売 台 数 小 型 | 販 売 台 数 計 | 販 売 台 数 前年比（％） |
|---|---|---|---|---|---|---|---|---|
| 2004 | 12,286 | 48,156 | 60,442 | 99.0 | 5,098 | 13,049 | 18,147 | 85.6 |
| 2005 | 11,763 | 64,550 | 76,313 | 126.3 | 5,856 | 11,898 | 17,754 | 97.8 |
| 2006 | 11,063 | 77,574 | 88,637 | 116.1 | 6,064 | 11,536 | 17,600 | 99.1 |
| 2007 | 11,516 | 102,154 | 113,670 | 128.2 | 5,153 | 10,464 | 15,617 | 88.7 |
| 2008 | 11,660 | 127,442 | 139,102 | 122.4 | 5,357 | 9,976 | 15,333 | 98.2 |
| 2009 | 8,783 | 78,012 | 86,795 | 62.4 | 4,234 | 8,338 | 12,572 | 82.0 |
| 2010 | 10,274 | 99,060 | 109,334 | 125.6 | 4,777 | 7,998 | 12,775 | 101.6 |
| 2011 | 9,427 | 94,682 | 104,109 | 95.2 | 31,136 | 7,515 | 10,651 | 83.4 |
| 2012 | 10,598 | 111,622 | 122,220 | 117.4 | 4,266 | 7,672 | 11,938 | 112.1 |
| 2013 | 9,755 | 122,926 | 132,681 | 108.6 | 4,181 | 7,075 | 11,256 | 94.3 |
| 2014 | 9,402 | 130,432 | 139,834 | 105.4 | 4,498 | 7,485 | 11,983 | 106.5 |
| 2015 | 11,425 | 126,425 | 137,850 | 98.6 | 5,260 | 8,127 | 13,387 | 111.7 |
| 2016 | | | 129,743 | 94.1 | 6,543 | 8,955 | 15,498 | 115.8 |
| 2017 | − | − | 123,097 | 94.9 | 6,602 | 8,991 | 15,593 | 100.6 |
| 2018 | − | − | 113,197 | 92.0 | 5,131 | 8,571 | 13,702 | 87.9 |
| 2019 | − | − | 122,621 | 108.3 | 4,876 | 8,710 | 13,589 | 99.2 |
| 2020 | − | − | 69,801 | 56.9 | 3,113 | 6,221 | 9,334 | 68.7 |
| 2021 | − | − | 73,659 | 105.5 | 1,657 | 5,223 | 6,880 | 73.7 |
| 2022 | − | − | 84,611 | 114.9 | 1,661 | 3,819 | 5,480 | 79.7 |

（右ページに続く）

〈生産台数〉注：1979年より「KDセット」を除く。「KDセット」は部品扱いとなる。日本自動車工業会調査
〈新規登録・届出台数〉注：シャーシーベース調べ。輸入車を含む。日本自動車販売協会連合会・全日本軽自動車協会連合会調査

## 2022年のブランド別国内バス販売台数
Sales, By Manufacturer in 2022　　　　（単位：台）

| | 大型 | 小型 | 小計 |
|---|---|---|---|
| 日野 | 416(71.1) | 332(35.4) | 748(49.1) |
| いすゞ | 787(118.5) | – | 787(117.8) |
| 三菱ふそう | 415(114.0) | 971(141.3) | 1,386(131.9) |
| トヨタ | 17(188.9) | 2,235(70.9) | 2,252(71.3) |
| 日産 | – | 266(59.9) | 266(59.9) |
| UDトラックス | 1(–) | – | 1(–) |
| Hyundai | 8(72.7) | – | 8(72.7) |
| メルセデス・ベンツ | 5(33.3) | – | 5(33.3) |
| スカニア | 6(66.7) | – | 6(66.7) |
| BYD | 6(–) | 14(–) | 20(–) |
| ルノー | – | 1(–) | 1(–) |
| 合計 | 1,661(100.2) | 3,819(73.1) | 5,480(79.7) |

注：1．新車の新規登録・届出台数
　　2．カッコ内は対前年比　　　　資料：日本自動車販売協会連合会

## 2023年のブランド別国内バス販売台数
Sales, By Manufacturer in 2023　　　　（単位：台）

| | 大型 | 小型 | 小計 |
|---|---|---|---|
| 日野 | 504(136.6) | 259(78.0) | 763(108.84) |
| いすゞ | 1,109(163.6) | – | 1,109(163.6) |
| 三菱ふそう | 680(206.7) | 1,237(147.4) | 1,917(164.12) |
| トヨタ | 24(171.4) | 3,188(154.5) | 3,212(154.6) |
| 日産 | – | 416(179.31) | 416(179.31) |
| Hyundai | 2(25.0) | – | 2(25.0) |
| スカニア | 4(66.7) | – | 4(66.7) |
| BYD | 34(566.7) | 19(135.7) | 53(265.0) |
| 合計 | 2,357(141.9) | 5,119(134.0) | 7,476(136.4) |

| 従業員総数（人） | 運転者（人） | 年間人口一人当り利用回数（回） | 実動一日一車当り 走行キロ（km） | 実動一日一車当り 輸送人員（人） |
|---|---|---|---|---|
| – | – | 16 | 100 | 274 |
| – | – | 64 | 124 | 444 |
| 207,675 | 100,312 | 96 | 142 | 488 |
| 155,191 | 104,145 | 69 | 139 | 386 |
| 123,134 | 91,501 | 53 | 152 | 324 |
| 97,006 | 74,420 | 38 | 160 | 265 |
| 103,299 | 80,073 | 33 | 171 | 235 |
| 123,677 | 83,834 | 34 | 169 | 327 |
| 117,984 | 80,980 | 32 | 151 | 190 |
| 109,961 | 74,340 | – | 150 | 200 |
| – | – | 0.2 | – | – |
| – | – | 1.3 | 127 | 66 |
| 47,906 | 18,009 | 1.7 | 188 | 46 |
| 52,030 | 21,479 | 1.7 | 205 | 43 |
| 63,486 | 28,972 | 2.1 | 230 | 37 |
| 64,971 | 36,241 | 2.0 | 232 | 36 |
| 64,171 | 45,392 | – | 223 | 41 |
| 67,885 | 47,678 | – | 183 | 44 |
| 61,775 | 44,340 | – | 135 | 43 |
| 58,624 | 41,680 | – | 131 | 41 |

資料：国土交通省

## 高速乗合バスの運行状況　Operation Status Of The Highway Bus

| 年度 | 事業者数 | 運行系統数（延） | 運行回数（1日） | 輸送人員（千人） | 供用道路（km） |
|---|---|---|---|---|---|
| 1965 | 5 | 8 | 101 | 3,846 | 190 |
| 1975 | 23 | 56 | 453 | 11,216 | 1,888.3 |
| 1985 | 57 | 249 | 1,886 | 32,538 | 3,720.9 |
| 2000 | 158 | 1,617 | 5,569 | 69,687 | 6,860.8 |
| 2010 | 310 | 4,722 | 12,454 | 103,853 | 7,894.6 |
| 2015 | 387 | 5,247 | 15,882 | 115,740 | 8,652.2 |
| 2016 | 400 | 5,121 | 14,012 | 104,581 | 8,795.2 |
| 2017 | 369 | 5,103 | 13,919 | 103,503 | 8,922.9 |
| 2018 | 371 | 5,132 | 13,935 | 104,091 | 9,021.0 |
| 2019 | 359 | 5,113 | 13,257 | 97,353 | 9,050.3 |

注：1．上記数値は各年度末のものであるが，1985年度以前は輸送人員，供用道路を除き6月1日現在である。
　　2．2005年度までは系統距離の半分以上を高速自動車国道などを利用して運行する乗合バスを高速乗合バスとした。2006年度からは，系統距離が50km以上のものを高速乗合バスとする。　　資料：国土交通省

（単位：台）

| 保有台数（各年末現在） 大型 | 保有台数（各年末現在） 小型 | 保有台数（各年末現在） 計 | 前年比（%） | 輸出台数 大型 | 輸出台数 小型 | 輸出台数 計 | 前年比（%） | 年別 |
|---|---|---|---|---|---|---|---|---|
| 109,703 | 121,231 | 230,934 | 99.6 | 11,689 | 44,152 | 55,841 | 122.5 | 2004 |
| 109,917 | 121,816 | 231,733 | 100.3 | 9,953 | 67,984 | 77,937 | 139.6 | 2005 |
| 109,763 | 121,918 | 231,681 | 99.9 | 11,565 | 81,636 | 93,201 | 119.6 | 2006 |
| 109,621 | 212,307 | 230,928 | 99.7 | 13,868 | 107,663 | 121,531 | 130.4 | 2007 |
| 109,808 | 120,873 | 230,681 | 99.9 | 17,527 | 135,917 | 153,444 | 126.3 | 2008 |
| 108,760 | 119,673 | 228,397 | 99.0 | 11,106 | 80,916 | 92,022 | 60.0 | 2009 |
| 108,136 | 119,135 | 227,271 | 99.5 | 13,969 | 101,813 | 115,782 | 125.8 | 2010 |
| 107,435 | 118,513 | 225,948 | 99.4 | 14,495 | 96,247 | 110,742 | 95.6 | 2011 |
| 107,528 | 118,551 | 226,079 | 100.1 | 19,602 | 109,152 | 128,178 | 115.7 | 2012 |
| 107,723 | 118,204 | 225,927 | 99.9 | 19,712 | 117,223 | 136,935 | 106.8 | 2013 |
| 108,545 | 118,399 | 226,944 | 100.5 | 15,886 | 125,670 | 141,556 | 103.4 | 2014 |
| 110,096 | 119,293 | 229,389 | 101.1 | 19,649 | 121,650 | 141,299 | 99.8 | 2015 |
| 112,011 | 120,310 | 232,321 | 101.3 | | | 131,642 | 93.2 | 2016 |
| 112,672 | 120,794 | 233,466 | 100.5 | – | – | 199,012 | – | 2017 |
| 112,627 | 120,596 | 233,223 | 99.9 | – | – | 109,597 | – | 2018 |
| 112,169 | 119,997 | 232,166 | 99.5 | – | | 120,514 | 110.0 | 2019 |
| 108,999 | 116,050 | 225,029 | 96.9 | – | | 72,954 | 60.5 | 2020 |
| 106,083 | 112,246 | 218,329 | 97.0 | – | | 72,313 | 99.1 | 2021 |
| 104,265 | 109,127 | 213,392 | 97.7 | – | | 85,728 | 118.6 | 2022 |

〈保有台数〉：国土交通省調査
〈輸出台数〉注：1．国産車の船積実績（四輪メーカー分）。2．「KDセット」を除く。3．2017年12月実績より，一部会員メーカー台数を含まない。日本自動車工業会調査

# DATA

## バスの車両故障事故の装置別件数　Number of Vehicle Failures Based On The Component

資料：国土交通省

| 年＼装置 | 原動機 | 動力伝達装置 | タイヤ | 操縦装置 | 制動装置 | 緩衝装置 | 燃料装置 | 電気装置 | 乗車装置 | 内圧容器・付属装置 | その他 | 合計 |
|---|---|---|---|---|---|---|---|---|---|---|---|---|
| 2019 | 669 | 319 | 66 | 16 | 141 | 70 | 162 | 248 | 80 | 100 | 271 | 1,871 |
| 2020 | 456 | 245 | 31 | 14 | 188 | 47 | 180 | 230 | 61 | 153 | 222 | 1,827 |
| 2021 | 469 | 324 | 42 | 13 | 104 | 54 | 192 | 238 | 67 | 125 | 181 | 1,809 |

注：1．故障件数は路上，営業所・車庫内を問わず運行に支障をきたしたものすべてが計上される。　2．装置の項目は件数が比較的多いものを記載した

## バスのメーカー別保有台数　The Number Of Vehicles Owned Based On Manufacturers

| 車種 | | 初度登録年 | | | | | | | |
|---|---|---|---|---|---|---|---|---|---|
| | | 2023年 | 2022年 | 2021年 | 2020年 | 2019年 | 2018年 | 2017年 | 2016年 |
| 普通乗合 | 日野 | 201 | 507 | 747 | 1,138 | 1,851 | 1,974 | 2,213 | 2,246 |
| | いすゞ | 385 | 742 | 638 | 1,110 | 1,615 | 1,664 | 2,186 | 2,168 |
| | 三菱ふそう | 265 | 561 | 461 | 795 | 1,399 | 1,463 | 1,735 | 1,896 |
| | 三菱自動車 | 0 | 3 | 1 | 2 | 1 | 1 | 0 | 0 |
| | UDトラックス | 0 | 0 | 0 | 0 | 0 | 0 | 0 | 0 |
| | トヨタ | 10 | 42 | 89 | 163 | 115 | 99 | 101 | 87 |
| | 日産 | 0 | 0 | 46 | 70 | 71 | 54 | 68 | 66 |
| | その他国産車 | 0 | 0 | 0 | 0 | 0 | 0 | 0 | 0 |
| | 輸入車 | 32 | 24 | 33 | 41 | 70 | 42 | 71 | 154 |
| | その他 | 19 | 10 | 8 | 12 | 10 | 5 | 17 | 3 |
| | 合　計 | 912 | 1,889 | 2,023 | 3,331 | 5,132 | 5,302 | 6,391 | 6,620 |
| | 構成比（%） | 0.9 | 1.8 | 1.9 | 3.2 | 4.9 | 5.1 | 6.2 | 6.4 |
| 小型乗合 | 日野 | 9 | 140 | 649 | 990 | 1,320 | 1,518 | 1,540 | 1,295 |
| | いすゞ | 2 | 1 | 19 | 40 | 89 | 82 | 187 | 106 |
| | 三菱ふそう | 373 | 756 | 527 | 599 | 675 | 820 | 1,185 | 1,022 |
| | 三菱自動車 | 0 | 0 | 0 | 0 | 0 | 1 | 1 | 0 |
| | UDトラックス | 0 | 0 | 0 | 0 | 0 | 0 | 0 | 0 |
| | トヨタ | 488 | 1,306 | 2,167 | 2,435 | 3,579 | 3,296 | 3,064 | 2,859 |
| | 日産 | 69 | 155 | 286 | 424 | 542 | 563 | 477 | 705 |
| | ダイハツ | 0 | 0 | 0 | 0 | 0 | 0 | 0 | 0 |
| | マツダ | 0 | 0 | 0 | 0 | 0 | 0 | 0 | 0 |
| | 輸入車 | 12 | 16 | 2 | 2 | 2 | 1 | 0 | 3 |
| | その他 | 16 | 12 | 13 | 24 | 13 | 3 | 3 | 3 |
| | 合　計 | 969 | 2,386 | 3,663 | 4,514 | 6,220 | 6,284 | 6,457 | 5,992 |
| | 構成比（%） | 0.9 | 2.2 | 3.4 | 4.2 | 5.7 | 5.8 | 6.0 | 5.5 |

（右ページに続く）

注）．普通乗合は乗車定員30人以上の車両。小型乗合は同じく29人以下の車両

## 低公害バス保有台数の推移　（単位：台）

| 年度 | 2020 | 2021 | 2022 |
|---|---|---|---|
| 電気 | 125 | 149 | 252 |
| 燃料電池 | 101 | 118 | 133 |
| ハイブリッド | 1,400 | 1,415 | 1,399 |
| プラグインハイブリッド | 4 | 3 | 1 |
| CNG | 172 | 119 | 92 |
| メタノール | 0 | 0 | 0 |
| 合計 | 1,802 | 1,804 | 1,877 |

資料：自動車検査登録情報協会
The Changes Of The Number Of Low Emission Buses Ownerships

## 中古バスの販売台数〔中古車新規＋移転＋名義変更〕(ナンバーベース)（単位：台）

| 年別 | 台数 | 前年比（%） |
|---|---|---|
| 2013 | 12,830 | 86.7 |
| 2014 | 12,531 | 97.7 |
| 2015 | 13,173 | 105.1 |
| 2016 | 13,204 | 100.2 |
| 2017 | 13,066 | 99.0 |
| 2018 | 13,256 | 101.5 |
| 2019 | 12,879 | 97.2 |
| 2020 | 12,194 | 94.7 |
| 2021 | 11,040 | 98.4 |
| 2022 | 10,720 | 97.1 |

注：輸入車を含む　資料：日本自動車販売協会連合会
Number Of Used Buses 〈Newly Acquired + Transfer + Change Of Ownership〉(Based On Vehicle Registration)

## 自動車騒音規制の規制値

（単位：デシベル）

| 車両カテゴリー | 乗用車 | 市街地加速騒音規制値　フェーズ1 | 市街地加速騒音規制値　フェーズ2 |
|---|---|---|---|
| M1カテゴリー 乗車定員9人以下の乗用車 | PMR120以下 | 72 | 70 |
| | PMR120以下超，160以下 | 73 | 71 |
| | PMR160超， | 75 | 73 |
| | PMR200超，乗車定員4人以下，Rポイントの地上からの高さ450mm未満 | 75 | 74 |
| M2カテゴリー 乗車定員10人以上，TPMLM5トン以下の乗用車 | TPMLM2.5トン以下 | 72 | 70 |
| | TPMLM2.5トン超，3.5トン以下 | 74 | 72 |
| | TPMLM2.5トン超，3.5トン以下，最高出力135kW以下 | 75 | 73 |
| | TPMLM2.5トン超，3.5トン以下，最高出力135kW超 | 75 | 74 |
| M3カテゴリー 乗車定員10人以上，TPMLM5トン超の乗用車 | 最高出力150kW以下 | 76 | 74 |
| | 最高出力150kW超，250kW以下 | 78 | 77 |
| | 最高出力250kW以下 | 80 | 78 |
| 車両カテゴリー | 貨物車 | フェーズ1 | フェーズ2 |
| N1カテゴリー TPML3.5トン以下の貨物車 | TPMLM2.5トン以下 | 72 | 71 |
| | TPMLM2.5トン超 | 74 | 73 |
| N2カテゴリー TPML3.5トン超，12トン以下の貨物車 | 最高出力135kW以下 | 77 | 75 |
| | 最高出力135kW超 | 78 | 76 |
| N3カテゴリー TPML12トン超の貨物車 | 最高出力150kW以下 | 79 | 77 |
| | 最高出力150kW超，250kW以下 | 81 | 79 |
| | 最高出力250kW超 | 82 | 81 |

注1．フェーズ1の適用日：新型車（輸入自動車を除く）が平成28（2016）年10月1日以降，それ以外の自動車が令和4（2022）年9月1日以降（N2カテゴリーは令和5（2023）年9月1日以降）
注2．フェーズ2の適用日：新型車（輸入自動車を除く）が令和2（2020）年9月1日以降（N2カテゴリーは令和4年9月1日以降），それ以外の自動車が令和4年9月1日以降（N2カテゴリーは令和5年9月1日以降）
注3．PMR（Power to Mass Ratio）：最高出力（kW）／（車両重量〈kg〉＋75kg）×1,000
注4．TPMLM（Technically Permissible Maximum Laden Mass）：技術的最大許容質量（kg），安全性の確保および公害の防止ができるものとして技術的に許容できる自動車の質量であって，自動車製作者が指定したもの
注5．Rポイント：運転者席の着座位置について，自動車製作者等が定め，三次元座標方式に基づき決定する設計点
資料：国土交通省

## 乗合バス車両のノンステップ化の推移

(単位：台)

| 区分 | 2013年度末 | 2014年度末 | 2015年度末 | 2016年度末 | 2017年度末 | 2018年度末 | 2019年度末 | 2020年度末 | 2021年度末 | 2022年度末 |
|---|---|---|---|---|---|---|---|---|---|---|
| ノンステップバス車両数 | 19,883 | 21,074 | 22,665 | 24,241 | 26,002 | 27,574 | 29,373 | 29,489 | 29,779 | 30,117 |
| 指数 | 120.3 | 127.5 | 137.1 | 146.6 | 157.3 | 166.8 | 177.7 | 178.4 | 180.1 | 182.2 |
| 割合比 | 43.9 | 47.0 | 50.1 | 53.3 | 56.0 | 58.8 | 61.2 | 63.8 | 65.5 | 68.0 |
| 対象車両数 | 45,329 | 44,874 | 45,228 | 45,467 | 46,406 | 46,872 | 48,025 | 46,226 | 45,496 | 44,282 |

注：1．「ノンステップバス」は床面地上高が概ね30cm以下であって，バリアフリー法の移動円滑化基準に適合するバスをいう
　　2．「指数」は移動円滑化の促進に関する基本方針が改正された2010年度末を100とする
　　3．「割合比」は乗合バスの総車両数から「適用除外認定車両数」を除いた「対象車両数」に対してノンステップバスの占める割合である
　　4．「適用除外認定車両」とは，高速バス，定期観光バス，空港連絡バスなど，構造上または運行上で低床化などバリアフリー法の規定に沿うことが困難と認定されたバスをいう　資料：国土交通省

2023年3月末現在，単位：台

| 2015年 | 2014年 | 2013年 | 2012年 | 2011年以前 | 合　計 | うち営業用 |
|---|---|---|---|---|---|---|
| 1,915 | 1,698 | 1,572 | 1,542 | 17,582 | 35,186 | 28,881 |
| 1,729 | 1,377 | 1,271 | 1,279 | 12,631 | 28,795 | 25,268 |
| 1,577 | 1,315 | 1,262 | 1,197 | 9,894 | 23,822 | 20,343 |
| 2 | 1 | 2 | 0 | 6,541 | 6,554 | 4,196 |
| 0 | 0 | 0 | 1 | 5,636 | 5,636 | 4,969 |
| 58 | 79 | 77 | 66 | 425 | 1,411 | 127 |
| 67 | 100 | 65 | 78 | 845 | 1,411 | 127 |
| 0 | 0 | 0 | 0 | 1 | 1 | 1 |
| 49 | 33 | 46 | 38 | 151 | 784 | 739 |
| 9 | 1 | 1 | 0 | 13 | 108 | 82 |
| 5,406 | 4,606 | 4,296 | 4,201 | 53,718 | 103,827 | 84,629 |
| 5.2 | 4.4 | 4.1 | 4.0 | 51.7 | 100.0 | |
| 1,070 | 960 | 860 | 752 | 10,304 | 21,407 | 8,101 |
| 76 | 63 | 62 | 64 | 1,768 | 2,559 | 1,097 |
| 807 | 734 | 651 | 560 | 7,110 | 15,819 | 4,895 |
| 2 | 0 | 1 | 1 | 7,315 | 7,321 | 2,227 |
| 0 | 0 | 0 | 1 | 197 | 198 | 101 |
| 2,510 | 2,204 | 2,089 | 1,983 | 19,285 | 47,265 | 4,761 |
| 567 | 503 | 459 | 418 | 8,332 | 13,500 | 546 |
| 0 | 0 | 0 | 0 | 2 | 2 | 0 |
| 0 | 0 | 0 | 0 | 86 | 86 | 0 |
| 5 | 3 | 1 | 10 | 27 | 84 | 48 |
| 0 | 0 | 1 | 2 | 23 | 112 | 48 |
| 5,037 | 4,467 | 4,124 | 3,791 | 54,449 | 108,353 | 21,824 |
| 4.6 | 4.1 | 3.8 | 3.5 | 50.3 | 100.0 | |

資料：自動車検査登録情報協会

## 大型二種免許保有者の推移

| 年 | | 保有者数(人) |
|---|---|---|
| 2016 | 男 | 928,935 |
| | 女 | 13,591 |
| | 計 | 942,526 |
| 2017 | 男 | 905,352 |
| | 女 | 13,890 |
| | 計 | 919,242 |
| 2018 | 男 | 881,913 |
| | 女 | 14,214 |
| | 計 | 896,127 |
| 2019 | 男 | 856,953 |
| | 女 | 14,539 |
| | 計 | 871,492 |
| 2020 | 男 | 832,989 |
| | 女 | 14,780 |
| | 計 | 847,769 |
| 2021 | 男 | 809,765 |
| | 女 | 14,967 |
| | 計 | 824,732 |
| 2022 | 男 | 786,955 |
| | 女 | 15,188 |
| | 計 | 802,143 |

資料：警察庁

The Changes In The Number Of People Who Have Drivers' License To Drive Buses

## バス平均車齢・平均使用年数の推移

(単位：年)

| 年別 | 平均車齢 | 平均使用年数 |
|---|---|---|
| 2013 | 11.38 | 17.91 |
| 2014 | 11.56 | 17.63 |
| 2015 | 11.76 | 16.95 |
| 2016 | 11.87 | 16.83 |
| 2017 | 11.84 | 17.39 |
| 2018 | 11.81 | 17.69 |
| 2019 | 11.83 | 18.36 |
| 2020 | 11.86 | 18.31 |
| 2021 | 12.07 | 18.38 |
| 2022 | 12.39 | 19.74 |

注：1．平均車齢：使用されているバスの初年
　　　度登録からの経過年数の平均
　　2．平均使用年数：初度登録してから廃車
　　　するまでの平均年数
　　　　　　自動車検査登録情報協会調査
The Shift Of The Average Age Of Buses And Average Service Life By Bus

## 自動車排出ガス規制　Motor Vehicle Emission Regulation In Japan

| 種別 | | | 現在の規制 | | | |
|---|---|---|---|---|---|---|
| | | | 規制年度 | 試験モード | 成分 | 規制値 |
| ディーゼル車 | トラック・バス | 軽量車 (GVW≦ 1.7トン) | 平成30年 | WLTP (g/km) | CO | 0.63 |
| | | | | | NMHC | 0.024 |
| | | | | | NOx | 0.15 |
| | | | | | PM | 0.005 |
| | | 中量車 (1.7トン< GVW ≦3.5トン) | 平成31年 | WLTP (g/km) | CO | 0.63 |
| | | | | | NMHC | 0.024 |
| | | | | | NOx | 0.24 |
| | | | | | PM | 0.007 |
| | | 重量車 (3.5トン≦ GVW) | 平成28年 | WHDC (g/kWh) | CO | 2.22 |
| | | | | | NMHC | 0.17 |
| | | | | | NOx | 0.4 |
| | | | | | PM | 0.01 |
| | 乗用車 | | 平成30年 | WLTP (g/km) | CO | 0.42 |
| | | | | | NMHC | 0.10 |
| | | | | | NOx | 0.05 |
| | | | | | PM | 0.005 |
| ガソリン・LPG車 | トラック・バス | 軽自動車 | 平成31年 | WLTP (g/km) | CO | 4.02 |
| | | | | | NMHC | 0.05 |
| | | | | | NOx | 0.05 |
| | | | | | PM | 0.005 |
| | | 軽量車 (GVW≦ 1.7トン) | 平成30年 | WLTP (g/km) | CO | 1.15 |
| | | | | | NMHC | 0.10 |
| | | | | | NOx | 0.05 |
| | | | | | PM | 0.005 |
| | | 中量車 (1.7トン< GVW ≦3.5トン) | 平成31年 | WLTP (g/km) | CO | 2.55 |
| | | | | | NMHC | 0.15 |
| | | | | | NOx | 0.07 |
| | | | | | PM | 0.007 |
| | | 重量車 (3.5トン< GVW) | 平成21年 | JE05 (g/kWh) | CO | 16.0 |
| | | | | | NMHC | 0.23 |
| | | | | | NOx | 0.7 |
| | | | | | PM | 0.01 |

注：1．CO：一酸化炭素，NMHC：非メタン炭化水素，NOx：窒素酸化物，PM：粒子状物質
　　2．規制値は型式あたりの平均値を示す
　　3．ディーゼル中量車の1.7トン<GVW≦2.5トンは平成22年(2010年)から適用
　　4．WLTPは冷機状態の測定値がそのまま適用される
　　5．ディーゼル重量車の規制適用時期は3.5トン<GVW≦7.5トンが平成30年(2018年)，
　　　GVW＞7.5トンが平成28年，トラクターは平成29年　資料：環境省，国土交通省，日本自動車工業会

## バスの地域別輸出台数

(単位：台)

| 地域 | 2020年 | 2021年 | 2022年 |
|---|---|---|---|
| アジア | 25,013 | 20,388 | 25,205 |
| 中近東 | 11,405 | 9,042 | 15,106 |
| ヨーロッパ | 218 | 162 | 74 |
| 北アメリカ | 0 | 0 | 0 |
| 中南米 | 7,213 | 7,664 | 12,096 |
| アフリカ | 23,043 | 27,685 | 25,793 |
| 大洋州 | 4,488 | 5,623 | 5,460 |
| その他 | 1,934 | 1,749 | 1,994 |
| 合計 | 72,954 | 72,313 | 85,728 |

注：2017年実績より一部会員メーカー台数を
　　含まない
資料：日本自動車工業会
Number Of Exported Buses By Area

## バス輸入台数(通関実績)

Number Of Imported Buses (Through Customs)

| 年別 | 台数 |
|---|---|
| 2013 | 73 |
| 2014 | 83 |
| 2015 | 118 |
| 2016 | 207 |
| 2017 | 120 |
| 2018 | 114 |
| 2019 | 99 |
| 2020 | 125 |
| 2021 | 90 |
| 2022 | 211 |

資料：財務省

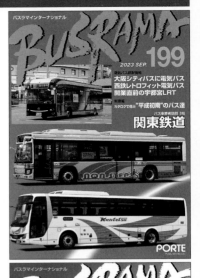

## 編 集 後 記

元日，気が抜けているところに能登半島の地震速報が。そして翌日には羽田の飛行機事故。その日にいった宿泊施設から遠くに羽田が見えていて，夕日が印象的だとカメラに収めていた。用事があり部屋を出たのだが，数時間後にあの事故が。部屋に戻り滑走路方向を見れば遠く赤色灯が点滅していた。気の滅入る始まりとなった2024年。それでも現実は目の前にあり，月日は平等に流れていく。これからだぞ１年はと気分の切り替えを自分に言い聞かせた。なお，この度の災害により犠牲になられた方々に謹んでお悔やみを申し上げるとともに，被害を受けられたみなさまに心よりお見舞い申し上げます。また被災地においてご尽力されていらっしゃる方々に敬意を表するとともに，一日も早い復興を心よりお祈り申し上げます。(M)

今回のマイバスねた賞は，今さらながら関東鉄道＆筑波大学のキャンパス定期券＆大学循環バスに。学生の負担を可能な限り抑えて便利な移動の足を実現した素敵な取り組みを看過していた自戒も込めて。その昔，都市部の学生と知り合って痛感したのが距離感覚の違いだった。バイトに車で峠越え，とか交通費が往復100kmのガソリン代と言う環境が存在するなんて，と。新卒の配属先は鉄道が遠い昔に廃止された土地だった。バスや鉄道があると言うのは，実はとても恵まれた住環境だ。最寄り停留所が“わずか”２km先でも歩くと30分。バスは１時間に１本でも“たくさんある”と言う感覚を肌で知ると，乗りたい時間帯にバスの方から近付いてくるオンデマンド交通に大きな期待が膨らむ。何か来年の賞になるかな。　(や)

巻末データ編で2022年度の国内バスの販売台数は5,400台程度と記載したが，2023年（暦年）の自販連データでは年間8,400台程度となったから，底を打ったと言っていいだろう。ただしドライバー不足で稼働率は下がっているはずで，輸送量の減少も踏まえて保有台数の見直しを進める事業者は多いと思われる。運賃改定は利用者としては辛いが，事業継続のためにはやむを得まい。さて最近のバスラマは通常号を含め，新しい車両の話題は電気バスやFCバスが多い。また海外バスカタログからもおわかりのように，海外のシティバスの新着情報ではディーゼルはもはや対象外だ。試作車ができたばかりの国産電気バスにも期待がかかるが，充電設備の重要性を社会も行政もあまり認識していないように感じるのは気のせいか。　(S)

１月に編集の佳境を迎える年鑑バスラマは「寒の水」が飲める時期でもある。蛇口をひねれば美味しい水が飲める当たり前が能登の被災地では決してそうではないことに思いをはせる。自分勝手に「岬めぐり」の歌の舞台は能登定観だと思っているのだが，穏やかな風景と暮らしが取り戻せることを祈るのみ。地方で人が住みにくくなった現状も，飛行場のシステムの脆弱さにも，「いつから日本は…」と感じる思いが巻頭言の「暴言」につながるのだが，話してみると意外や賛同してくれる人は少なくない。災害復興費の緊急性は肯定した上で，人の災禍でさえ利益誘導と群がる管理はできるのか。パーティ券の問題も大阪万博も拝金主義から決別しておかないと。次世代が安心して暮らせる世の中を作る責任は我々にある。(W)

---

次号の『年鑑バスラマ2024→2025』は2025年2月5日の発行予定です。バスラマ最新刊，バックナンバーの内容はぽると出版ウェブサイトをご覧ください

**http://www.portepub.co.jp/**

### 写真撮影・提供者

朝倉 博(HA)，荒川泰昌(Ar)，岡部早朋(HO)，片岡 博(HK)，佐藤泰典(YS)，清水健司(Sk)，鈴木央文(Sz)，高橋哲朗(Te)，田中 隆(TT)，中村公亮(Nk)，西塚 明(AN)，増田理人(Md)，三箭哲志(TM)，山内重幸(Ya)，イーグルバス，芸陽バス，東急バス，西日本鉄道，西日本旅客鉄道，メーカー各社，バスラマ編集部，〈歴史編〉別途記載　　　　　　　　　　　　　　　（順不同・敬称略）

### 広告索引（50音順）

### スタッフ・印刷所

〈和文英訳〉板倉素明
〈編集スタッフ〉斎藤 崇，益子栄知，柳沢孝尚，和田由貴夫　〈販売〉諸見 聡
〈印刷〉㈱ひでじま　　Printed in Japan

## 年鑑バスラマ 2023→2024

2024（令和6）年2月5日発行
発行人　和田由貴夫
発行所　株式会社ぽると出版
〒155-0031　東京都世田谷区北沢2-23-7-302
☎(03)5481-4597　FAX(03)5481-6597　郵便振替00190-7-20159
URL　http://www.portepub.co.jp/　E-mail　portepub@nifty.com
定価2,200円（本体2,000円＋税10%）　ISBN978-4-89980-524-3
©Porte Publishing Co.2024　本誌掲載記事・写真・図版の無断転載をかたく禁じます